贝页

ENRICH YOUR LIFE

从菜市场到会议桌
1本搞定99%的"谈判"

[美]克里·约翰逊(Kerry Johnson) 著

李文远 译

NEGOTIATING THE DEAL

文汇出版社

图书在版编目(CIP)数据

从菜市场到会议桌：1本搞定99%的"谈判"/（美）克里·约翰逊（Kerry Johnson）著；李文远译. —上海：文汇出版社，2023.9
ISBN 978-7-5496-4085-0

Ⅰ.①从… Ⅱ.①克… ②李… Ⅲ.①谈判学 Ⅳ.①C912.3

中国国家版本馆CIP数据核字（2023）第121693号

NEGOTIATING THE DEAL by Kerry Johnson
Original English language edition published by G&D Media, copyright © 2022 by Kerry Johnson. Simplified Chinese Characters–language edition Copyright © 2023 by THE GOLDEN ROSE BOOKS CO.,LTD. All rights reserved. Copyright licensed by Waterside Productions, Inc., arranged with Andrew Nurnberg Associates International Limited.
本书简体中文专有翻译出版权由Waterside Productions, Inc.通过安德鲁·纳伯格联合国际有限公司授予上海阅薇图书有限公司。未经许可，不得以任何手段或形式复制或抄袭本书内容。

上海市版权局著作权合同登记号：图字09-2023-0656号

从菜市场到会议桌：1本搞定99%的"谈判"

作　　者／［美］克里·约翰逊
译　　者／李文远
责任编辑／戴　铮
封面设计／王重屹
版式设计／汤惟惟
出版发行／文汇出版社
　　　　　上海市威海路755号
　　　　　（邮政编码：200041）
印刷装订／上海四维数字图文有限公司
版　　次／2023年9月第1版
印　　次／2023年9月第1次印刷
开　　本／787毫米×1092毫米　1/32
字　　数／151千字
印　　张／9.5
书　　号／ISBN 978-7-5496-4085-0
定　　价／59.00元

献给我的第一个外孙詹姆斯·林肯（James Lincoln），

未来你将成为一个了不起的谈判高手，

你的父母将助你成为谈判专家。

如果你努力工作，爱家人，爱上帝，

便能心想事成。

外公外婆永远爱你。

目录

引　言　谈判无处不在，我们无时无刻不在谈判　/ 1

第 1 章　热身：谈判前我们要知道什么？　/ 1

准备 1　不要急着先出价，也不要急着接受对方的首次出价　/ 3

准备 2　别只想着价格　/ 8

准备 3　做好被对方拒绝的准备　/ 15

准备 4　提出高于预期的要求　/ 17

准备 5　学会夹心法　/ 26

准备 6　装出震惊的样子来　/ 32

准备 7　永远不要主动提出折中成交　/ 39

准备 8　了解挤压法　/ 43

准备 9　辨认"红白脸"　/ 48

准备10 永远不要改变你的报价 / 53

准备11 警惕蚕食陷阱 / 56

准备12 让对方喜欢和你谈判 / 60

准备13 设法知道卖方会接受什么样的价格 / 65

第2章 实战：最简单的谈判13招 / 71

招式1 充分利用对方的第一次报价 / 73

招式2 警惕服务价值下降 / 76

招式3 大智若愚 / 81

招式4 订立和审阅书面协议 / 84

招式5 逐渐缩小让步幅度 / 89

招式6 声东击西 / 94

招式7 打一场压力战 / 99

招式8 玩数字游戏 / 107

招式9 活用招标书 / 111

招式10 与决策者直接谈判 / 113

招式11 拿出退出谈判的勇气 / 119

招式12 巧妙回应"要就要，不要就拉倒" / 126

招式13 把"烫手山芋"扔回去 / 132

第 3 章　破冰：当谈判遇到困难　/ 137

方法 1　扮演犹豫的买家/卖家角色　/ 139
方法 2　不要表现出对抗情绪　/ 144
方法 3　不要跟没有决策权的人谈判　/ 150
方法 4　"4 步"处理客户投诉　/ 155
方法 5　探查客户需求　/ 162
方法 6　对异议做出回应　/ 177

第 4 章　进阶：捕捉信号，建立信任　/ 201

心理优势 1　让对方知道你可以兑现承诺　/ 203
心理优势 2　察觉到对方在撒谎　/ 224
心理优势 3　发现成交信号　/ 229
心理优势 4　解读压力线索　/ 244
心理优势 5　利用最有说服力的 12 个谈判词　/ 250

第 5 章　成功：赢得谈判，1 本搞定　/ 257

引言

谈判无处不在,我们无时无刻不在谈判

你平常谈判吗?你懂得如何谈判吗?对于这两个问题,绝大多数人的答案都是否定的。很多人认为产品价格是固定不变的,他们通常会按标价购买产品。然而,除了买车时可以谈价格,其实很多东西都可以放上谈判桌。

我有一个高尔夫球友叫安东尼。最近,他想租一套公寓,于是与房东展开谈判。房东提出的租金是每月1750美元,安东尼还价1400美元,并说自己是个稳定的租客,一贯按时交租。他还向房东施加压力,称一名公寓管理员正在出租面积大致相同的公寓,月租只有1200美元。房东听闻此言,没有还价,爽快地答应了他1400美元的报价。

谈判往往是发现价格的过程,可它又不仅仅与钱有关。或许那位房东因为不得已而驱逐过租客,他再也不

想经历这种事情了；又或许，他已经厌倦了为了出租房子而反复花钱打广告。无论出于何种原因，安东尼的谈判技巧算是派上了用场。然而，房东并未还价，说不定他原本也愿意以低于1400美元的价格出租这套公寓，谁知道呢？

谈判能为你带来最多的财富

事实上，你每天都在谈判，尤其是在工作以外的时间。但是，如果谈判是你的本职工作，那么，你在谈判上所花费的时间将为你带来最大收益。你要让谈判成为工作和生活的一部分。只要学会本书中的技巧，你就能在谈判桌上进退自如，让每小时赚到的钱比其他任何创收活动都要多。

假设你的年收入是10万美元，你一年正常工作2000个小时，那么你每小时的收入就是50美元。再假设你打算买一辆价值2万美元的二手车，由于你掌握了高超的谈判技巧，只要花1.8万美元就能把它买到手。谈判花了你1个小时的时间，却让你在这1个小时赚了2000美元。看起来相当划算，不是吗？

你将会通过谈判签下更大的合同，赚更多的钱。大多数美国人每隔3.5年就会重新抵押其房屋，以进行再融资，而且每隔7年就买卖一套房子。假设你的房子值75万美元，尽管当年是卖方市场，但你可能还是要跟买家谈判。我们再假设一点：按你的预期，这套房子的成交价不会超过70万美元，但最终，一位对房子很感兴趣的买家出价72.5万美元，比你预期的成交价要多出2.5万，这也就意味着一次3个小时的谈判给你带来了2.5万美元的回报。你可以用事实向所有人证明：通过运用谈判技巧，你每小时赚了8000多美元。

如果你想买一幢标价为75万美元的房子，你又该如何谈判呢？只要你最终把价格压到75万美元以下，这场谈判就是成功的。在买方市场中，房地产经纪人喜欢吹嘘他们一般能以挂牌价（挂牌价是指该房屋的官方价格或广告价格）9折的价格买到房子。我们姑且假设这种说法过于乐观吧，9.5折的成交价倒是有可能的。即便如此，这仍意味着你运用谈判技巧赚了将近3.8万美元。根据你在谈判中实际所花费的时间，你的时间价值超过了每小时1.3万美元，不过，这个价值只有在谈判的时候才能实现。

谈判时，你每小时所赚的钱比其他任何活动都要多。

既然如此，你为何从不学习谈判课程呢？如果这是你从事过的最赚钱的活动，那为何只靠即兴发挥呢？

你的时间值多少钱？

很多人认为，为了达成更理想的交易而把时间花在谈判上是不值得的。他们觉得讨价还价是件令人难堪和尴尬的事情，不想在这上面费工夫。比如，为了说服卖家降价100美元，你与对方费尽口舌，这样做真的值得吗？度假时，为了获得5折的房费，你得想方设法与酒店周旋，这样做值得吗？再比如，你为了一份不计免赔的医疗保险计划与保险公司展开谈判，而不是像绝大多数人一样选择每年1500美元的自费金额，这样做值得吗？

但真正的问题在于，你的时间值多少钱？假设你每小时能赚60美元，如果你能在5分钟内通过谈判获得300美元的折扣，那么这是否值得？如果你可以运用一种叫作"挤压法"的谈判技巧（稍后我会详细描述这种技巧）多争取到1周的带薪假期，那么它是否值得你花时间去谈判呢？假设你每个月挣1万美元，多得的1周假期价值2500美元，你每小时的时间值60美元。换言之，正常情况下，如果你想赚2500美元，就必须工作近42个小时。采用挤压法谈判与工作42个小时，哪一个更值得呢？

你要从这个角度去思考谈判的作用：假如你的月收入是1万美元，但费劲谈成一笔交易也赚不到60美元，那就别谈了，直接接受对方的报价吧。但是，如果一场谈判能为你带来每小时60美元以上的收入，那你的时间就得到了充分利用。如果你能学会这些技巧，就可以在任何时候与任何人谈判。无论你这辈子怎么努力，挣钱的速度都比不过谈判。

孩子是最出色的谈判专家。我的几个女儿为了得到自己想要的东西就会一直游说我，直到成功。当然，她们的谈判技巧很有限，但贵在永不放弃。孩子比成年人更善于谈判，因为他们不太担心自己看起来很傻，也不在乎会被人拒绝，只是专注于他们想要的东西，并竭尽所能去得到它。这恰恰是成年人要培养的态度。如果你想让一个孩子专注于获取他想要的东西，请记住这些技巧，并为你们的对话营造一些温和的氛围，这样就能产生更理想的结果。

谁都不想参与这种谈判

我最小的女儿叫卡罗琳。她在20岁时受我邀请参加了一场颁奖晚宴,庆祝我赢得了一场网球锦标赛的胜利。活动结束后,她于晚上9点15分独自离开,而我在9点半离场。在开车回家的路上,我在加利福尼亚州(以下简称"加州")科斯塔梅萨市的55号高速公路上目睹了车祸现场,一辆救护车正在救人。我为遭遇车祸的人感到难过。

但没想到的是,救护车救的正是我的小女儿。那天晚上,卡罗琳被一名酒驾的司机给撞了,对方以200公里的时速撞上了卡罗琳的雪佛兰沃蓝达。经检测,那个酒驾女孩的血液中酒精含量为240mg/100ml,是法定上限的3倍。她先是撞上了卡罗琳的汽车的前挡泥板,然后倒车,又撞上了左后挡泥板,让卡罗琳的沃蓝达沿着高速公路的路堤猛冲了25米,最后翻车撞到了一棵树上。

我刚到家,正要把车停进车库时突然接到了加州高速公路巡警的电话,说我的女儿出了事故,要我立刻赶往威士顿医院。我只花了几分钟就到了那里。进入候诊区的那一刻,我就听到了女儿痛苦的尖叫声。我立刻跑进清创室,用胳膊搂住她,安慰她。卡罗琳安静了下来。她身上有多处瘀伤和划伤，油门踏板刺穿了她的右脚；撞击还导致她出现了严重的脑震荡，引发头痛、焦虑、注意力无法集中和失眠等症状。这些症状持续了将近两年，为了安心疗养，她只能从大学辍学。

我的一位好友是加州奥兰治县高级法院的法官，他向我推荐了擅长处理人身损害案件的律师。起初律师们说，由于卡罗琳没有遭受重大的人身损害，所以赔偿金额不会很多。他们建议我勉强接受1.3万美元的赔偿，并且说我很难再得到更多了。我力劝他们继续与农夫保险公司（Farmers Insurance Company）谈判。巧合的是，我也在这家公司买过保险。谈判持续了一年多，在此期间，律师们不断地要求结案，但我拒绝接受任何我认为不公平的和解方案。我不知道卡罗琳的心理创伤会持续多久，也不知道她的医疗费用会有多高。

很快我就意识到，这家全国知名的人身损害案件律师事务所其实只想处理那些动辄高达几十万，甚至几百万美元的案件，根本不屑于为我的案子多做谈判，因为他们觉得这简直就是浪费时间。但只要解决方案能补偿我女儿未来受到的伤害，无论我花多少时间去谈判都是值得的。最终，我与保险公司以5万美元达成和解，该金额是对方第一次报价的4倍。负责这件案子的律师经常和我交流,我鼓励他使用多个谈判技巧和招式,而这些技巧和招式正是你将在本书中要学到的。

我们要从这个角度去思考谈判:它值得你花费时间吗?它值得你从其他事情上分散注意力吗?你要自行做出决定。我们不应该等到孩子受伤后才运用谈判技巧。我发现,人身损害律所只想节省时间,想从这案子中抽身而去,所以我坚持自己的主张,阻止他们这样做。此外,我的谈判知识还帮我为女儿赢得了一个更理想的结果。

谈判技巧可运用在你所做的任何事情上,包括体育运动、商业活动,甚至与孩子的相处。你越频繁地使用它们,就越会得心应手,效率也会更高。

为何不是所有人都懂得谈判?

这一问题的答案就是:谈判令我们很多人觉得不自在。我们有很多自以为是的想法,比如认为谈判就是"挑刺儿"和"让人难堪"的同义词;或商家迫于竞争压力,肯定会把产品价格标到最低;或买卖双方通常都是公平的。我们甚至以为,即使不经过缜密的谈判,也能达成一笔令人满意的交易。既然如此,何必要冒被对方拒绝的风险呢?如果对方根本不想谈判,我们又何必冒险去体验失败的感觉呢?

事实上,很多人认为谈判令人尴尬。他们甚至轻视谈判的作用,称其是"讨价还价"。最近,圣地亚哥一家公司的总裁邀请我在4场客户活动上发表演讲。总裁问我要收多少演讲费,4场演讲是否有折扣。我说有,并主动提出费用绝不会超出他们的预算范围。然后,他再次问了我折扣价格到底是多少。我不想先出价,但重申价格不会超出他的预算。我们又聊了几分钟,他谈到过去邀请来的演讲者以及他们是如何主动降低演讲费用的。然而,我不打算让步。他被激怒了,对我说:"讨价还价让我觉得很不舒服。"我言不由衷地同意他的说法,并问他怎样才能让他觉得心里舒服些。他终于把预算价格告诉了我,我还了个价。最后,我们达成了协议。

他是很多不习惯谈判的人的一个典型。我的很多客户都喜欢谈判,甚至乐此不疲。他们把谈判技巧运用在生活的方方面面。每当他们购买产品和服务时,都会与卖方协商价格或交货速度,甚至一些额外的费用。

谈判已成为你生活的一部分

我是一名高尔夫球爱好者，差点①是15.8杆。每当我打第一洞时，其他的高尔夫球友经常就我的杆数来与我打赌。我本人是只想轻松地享受比赛的，可我这些朋友总想玩赌球游戏。事实上，高尔夫球手并不想占别人便宜，但男人往往自尊心很强，不想输掉比赛。所以，如果在打第一洞时你无法就杆数与他们展开有效的谈判，你就很可能会输掉比赛，并且在整个回合都闷闷不乐，尤其是在输掉赌注后拿钱出来的时候。如今，早已习惯了这种开球仪式的我会用挤压法来跟他们谈判。

在我这群高尔夫球友当中，技术最好的人通常不考虑杆数，就想直接比。其他技术一般的球友则有诸多借口，比如有人说自己3个月没打球了，有人声称身上有伤，有人说不熟悉球场，还有人说身体不适。高尔夫球比赛注重杆数，而我们通常以谈判的方式确定杆数。尽管这很有趣，不过球友们几乎都没有意识到自己在谈判。

---

① "差点"为高尔夫球术语，指高尔夫球手的平均杆数与标准杆数之间的差距。——译者注

还有更多人没有认识到，虽然谈判对高尔夫球比赛没有直接的帮助，但如果他们输掉赌注，是能够减少他们金钱上的损失的。

当我弟弟凯文说"来吧，我们开始比赛吧"的时候，我就告诉他，我的差点是20杆。他会说："我记得你说过你的差点是10杆啊。"然后，我们把差点谈到15杆，非常接近我的15.8杆，这对我而言就公平多了。几个星期前，我的朋友们提出只给我6杆，而不是10杆。我不愿意接受这个挑战，于是对他们说："那你们的杆数比这要少才行。"他们大笑着说："你又在用那些愚蠢的谈判技巧了，是吗？"最后，他们放弃了，只问我想定多少杆。

也许连你也没有意识到，自己每天都要谈判很多次，比如预约下次与客户电话联系的时间、跟老板商定完成工作的日期、与伴侣商量谁去打扫院子，甚至和孩子商量给他们多少零用钱，这些都是在谈判。

如果你到一家餐厅吃饭，听领位员说要等1个多小时才有座位，可能你马上就想离开那里了。但是，善于谈判的领位员也许会请客人到酒吧间坐一坐，直至其他预订了座位的客人没有按时出现。因为你就在餐厅里，所以领位员与其花时间去联系预约名单上的其他客人，倒不如直接叫你入座更省事。

假设你的航班因为机械故障而被取消，且下一班也已经满员，登机口的检票员想让你乘坐两天后起飞的另一趟航班。如果你善于谈判，也许可以要求等一会儿，看后面那趟航班是否有人退票。检票员也许会很确定地说，你不可能坐上那趟班机。但是，你可以去后面那趟航班的登机口，和那儿的检票员说你的航班被取消了。对方会允许你站在检票台附近，如果订了票的乘客没有出现，你就可以换航班了。

最后再举一个例子。你的上司要求你提高本季度的销售额，以弥补因其他同事销量不足造成的缺口。当然，你的佣金也会相应地增加。但你没有接受这个条件，而是提出了另一个条件：如果你能实现额外增加的销售目标，上司就给你放一周的带薪假。如此一来，不仅上司可以实现他的销售目标，你也能得偿所愿。

这些例子都与你的谈判能力有关，它们每天都在反复发生，你甚至都没有意识到自己正在谈判。谈判的窍门和精妙之处在于，你要让对方觉得自己是获胜的一方。与孤注一掷的卖家或买家达成交易是让人动心的，事实上他们不得不接受你的报价，因为他们别无选择。

本书讲述的不是"非输即赢"的谈判风格，也不是如何不计成本地做笔好买卖。它讲述的是如何在保持良好人际关系的同时达成你想要的交易。当你建立和加强了人际关系时，你的职业生涯也将稳步上升。本书会告诉我们如何确保谈判双方持续取得双赢的结果。

柏林墙边的谈判

1989年，我和当时的女朋友、后来成为我妻子的梅丽塔前往德国法兰克福发表演讲。那天恰好是我的35岁生日，我们开了瓶香槟庆祝。第二天演讲结束后，一位观众告诉我，柏林墙快要倒了，这将是一个历史性事件。当天晚上，梅丽塔和我买了票，第二天早上立刻出发去柏林。

成千上万的德国人和外国游客正聚在柏林墙两侧，挥舞着大锤，争相拆除这面墙，砸墙的演示工具被人以3倍价格转手。如今，我家里的桌子上还摆放着几块柏林墙的碎片。不知是不是出于报复的目的，听说东德在建造柏林墙时加入了石棉，所以有些墙面的石棉污染会导致触碰它的人中毒。

第二天，我们安排了一次穿越东柏林之旅。西柏林生机勃勃,多姿多彩,充满现代化气息;而在东柏林,我们目之所及的一切事物都是灰色的,建筑维护不善,民众一贫如洗。东柏林导游在柏林墙西侧靠近查理检查站(Checkpoint Charlie)的地方和我们碰面。她一见到我们,就开始对资本主义冷嘲热讽,指责资本主义社会的缺点和不平等。她花了将近20分钟的时间和我们讨论资本主义国家对工人、普通家庭和平民百姓有多么不公平。

在3个小时的旅行中,那位导游带我们参观了很多工厂和博物馆,甚至还去了一家出售木制手工玩具火车的商店。在商店里购物要用东德马克,而1西德马克可以兑换成3东德马克。我知道附近外币兑换店的汇率更高些,于是问导游离这儿最近的外币兑换店在哪里。她立刻主动提出要兑换我的西德马克。我问她汇率是多少,她说3∶1。然后我说,我可以在其他地方以8∶1的汇率兑换(这就叫"竞争压力",也是我在本书中要探讨的谈判招式之一)。于是,她又提出以9∶1的汇率兑换我手里的西德马克,我接受了。

这位对资本主义恨之入骨的人居然如此乐于跟我谈判,真是让人啼笑皆非。她甚至没有意识到自己正在谈判。我会说德语,便以调侃的语气问她是否喜欢从事资本主义交易。导游矢口否认我们在进行这种交易，认为我们除了互相帮忙，什么都没做，说她只是想帮助一位游客购买木制火车玩具而已。

你将从本书中学到的知识

很多以谈判为主题的书籍探讨了谈判的机制、技巧、技能和招式，但本书是第一个将心理学和高级的谈判技巧应用于谈判过程中的图书。例如，如果你能知道对方是否在说真话，这会对你的谈判有帮助吗？如果你看到成交的信号已经出现，这会对你有利吗？本书将教会你不过度表现自己，并助你更快地让对方做出让步。

如果你可以通过一个简单的"五步沟通法"来发现对方的谈判目标，这能帮你实现自己的目标吗？谈判不仅仅关乎技巧和招式，还关乎人际关系。人们在交流时，交流的是情感和逻辑。但谈判技巧不只是逻辑问题，它们还建立在心理学、情感和梦想的基础之上。本书探讨的是谈判过程中更高层面的技巧，它们可以帮你得到想要的结果。

有些技巧能够让谈判更加成功。正如学习一门语言那样,这些技巧也需要学习和记忆。其中一些很简单,如不要率先报价。某种产品或服务的价格取决于双方能否达成一致,如果你率先报价,就永远无法知道卖家愿意接受什么样的价格,而只知道你愿意出什么价去购买对方的产品或服务。

另一项基础的技巧就是,永远不要折中成交。那些不喜欢谈判或谈判技能较差的人喜欢接受折中的方案,即双方各让一步,以中间价成交。在这种情况下,双方可以就价格达成一致,但你永远无法知道卖家的底价。

我们将探讨很多其他的基本谈判技巧,它们能使你在谈判中达成有利于自己的交易。我们还将探讨如何应对更棘手的谈判问题,例如:如何才能打破僵局?如何与一个不太热情的卖家或买家打交道?如果谈判对手要把你的报价呈交委员会批准,你将如何应对?在遇到上述第三种问题时,你面临的将是最困难的谈判类型之一,因为你要通过中间人与委员会进行沟通,所以你可能不知道决策者看重的是什么,或者他们想实现什么样的目标。

我们还将探讨高级的谈判技巧。有时候,某种结果也许比金钱更重要。例如,一家汽车经销商可能希望在本月初实现最大利润,但到了月底,业务员感受到了业绩压力，这将有利于你以较低价格购车。再比如，制造商可能会给予经销商比较优惠的保修政策，从而使得经销商对保修的关注甚至超过了对汽车价格的关注。

有时候，你的报价可能超出了客户某个部门的预算，他们会说你的价格太高了。但另一个部门预算充足，可以购买你的产品或服务。你必须要学会提问，才能知道这个事实。

很多关于谈判的书籍探讨谈判的技能和步骤，并辅以案例研究加以说明。而在本书中，你将从心理学的角度更深入地探讨如何提高沟通技巧，以应对任何类型的谈判。我们还将讨论如何在谈判过程中获得对方的信任，并分辨你的谈判对手到底说的是真话还是谎言。根据美国联邦调查局（FBI）和加利福尼亚大学的研究，你甚至可以借助神经语言程序学（NLP），通过对方眼球的转动方式和话语来了解他们的沟通方式。如果我们知道某个人的沟通方式，就能知道他们是如何通过这种方式做决定的，从而更快地与对方建立融洽的关系和信任感，而在你获得对方的信任后，往往就能达成更理想的交易。产生了信任感之后，对方甚至会把他们决定跟你做生意的原因告诉你。

倾听是谈判中最重要的事情，因此，你最好成为一个善于倾听的人。我们将探讨高级的倾听方式，比如五步沟通法，以及如何采用假设法来探明对方的底线。

无论在什么样的谈判中，非语言沟通都是至关重要的，因为你的谈判对手往往在发言之前就会向你表露出他们的想法。你将学会如何通过拉近你与对方的距离来获取信任。我们还将讨论谈判对手准备成交时表现出的5种非语言信号，以及你在看不到这5种成交信号时如何说服自己退出谈判。

仅仅能够识别对方发出的成交信号是不够的，你还必须能辨别出他们持异议或感受到压力时发出的非语言信号。无论你们是面对面的交流，还是借助视频或语音等方式进行沟通，你必须做到在任何情况下都能解读对方的情绪。

你收到过客户投诉吗？你的顾客或客户是否向你宣泄过情绪？你如何安抚他们的情绪？你是否有系统性的方法？处理投诉就是为了防止矛盾升级而与客户进行谈判。你不希望顾客或客户产生被骗的感觉，但你也想与理性的客户进行沟通。所以，这个问题就变成了你和客户双方应如何控制好情绪，并与一开始不够理性的人达成合理的交易。

最后，我们会谈谈出色的谈判者应具备哪些特征。他们的思维模式是怎样的？他们有着怎样的心态？他们的信仰是什么？他们如何与失去理智的谈判对手打交道？谈判并不一定是理性的商务人士之间进行的冷静从容的讨论。有时候，卖家会高估自己的产品或服务，在这种情况下，如果买家不认可该产品或服务的价值，卖家也可能会生气。

我之前的畅销书《为何聪明人总是花冤枉钱？》阐述了"禀赋效应"这一概念。芝加哥大学做过一个实验，研究人员给学生们分发了一些咖啡杯，杯子的建议零售价是5美元。学生们是免费得到这些杯子的，所以，他们想卖多少钱就可以卖多少钱。但是，即便这些商品没有采购成本，其平均售价仍达到了4.75美元。研究人员原本以为学生们会以较低的价格卖出更多的杯子，但事实并非如此。在学生们看来，这些杯子俨然已成为他们的私人财产，所以它们值得卖贵一点。正因为如此，我们会看到一种很有趣的现象：当人们把自己的"传家宝"拿到跳蚤市场或当铺出售时，往往会开出高价，因为卖家比买家更看重该物品的价值。

本书涵盖了从谈判准备到高级技巧等一切与谈判相关的内容，并从心理学角度探讨了如何通过谈判达成协议。

如果你从头到尾读完本书，就不会在未来的谈判中成为失败的一方。读完本书后，你会充满自信，因为你知道自己已拥有谈判的能力和技能，可以在你想参与的任何谈判中取得成功。

如果你想最大限度地利用从本书中学到的知识，那就每天读一章，然后在24小时内运用所学到的知识，并把你的心得体会告诉某个人。心理学研究表明，我们会在24小时之内忘记自己看到和听到的70%的内容，3天后则会遗忘90%。如果你不能在一天之内运用这些技术，那就不太可能记得住它们了。

最优秀的谈判者都想达成交易。他们喜欢学习谈判技巧并付诸实践，用其来跟谈判对手打交道。拥有成交心态的谈判者会时刻准备谈判。在大多数情况下，应用这些技巧根本不需要花费你太多的时间。很多时候，只要你敢开口提出自己的需求就行，谈判就是这么简单。

这些技巧应用得越频繁，你就越能应付自如。刚开始的时候，你会觉得有些别扭，因为你还不够熟练。但和任何技巧一样，运用得越多，你就会越适应。所以，请先从小处着手，慢慢积累经验吧。

你可以询问餐厅的服务员甜点是否有折扣，或者是否有买一送一的优惠。在健身卡续费之前，你不妨问问店长（千万不要问前台）："我打算再续一年会员，健身房能否多赠送两个月的服务作为优惠？"

我的一位客户在当地的一家健身房购买了私教课程。她往往锻炼30分钟就会筋疲力尽，但锻炼计划是每节课1个小时。她本可以接受健身房的安排，避免谈判给自己带来不适，但她并没有这样做。在我的谈判课上学到了谈判技巧之后，她就向健身房提出了一个方案：她可以购买健身房的5节课套餐，但前提是教练把套餐分成10节课来上。起初，店长说他们只提供60分钟的课程，但我的客户优雅地回了一句"我不能接受"，然后转身朝健身房的大门走去。店长只能让步，为她破了一回例。

这就是活学活用谈判技巧的例子。我的客户所做的就是提出自己的需求，并打定主意，如果她的条件无法被满足，她就转身离开。这个策略堪称完美无瑕，因为即使店长不让步，她也可以随时回到健身房，接受对方的标准套餐。

高效的谈判技巧能给你带来巨大的帮助。你要敢于尝试，从小处着手，对你的谈判能力建立起信心，然后再把这些技巧应用到更大规模的交易当中。

第 1 章

热身：谈判前我们要知道什么？

每一场谈判的成败都取决于你是否适当地做好了谈判的准备。无论你是交易二手车，与孩子商量就寝时间，还是与上司谈下一次加薪，对谈判的了解与准备都能给予你帮助。

在与客户谈判时，你不大可能有时间去翻看自己的学习笔记。你应该把所有这些准备工作铭记在心，并在需要的时候应用它们。我的很多客户会把这些内容记在 10cm×16cm 的卡片上，并在每次重大谈判之前复习。

下面我们一起来看一下谈判前我们要知道什么。

▶ 准备 1
不要急着先出价，也不要急着接受对方的首次出价

还记得你上一次卖车是什么时候吗？你是否在跳蚤市场上卖过什么东西？这些物品是以最理想的价格卖掉的吗？你怎么知道价格是否理想？

假设有个买家想出价买你那辆1956年产的雪佛兰车，这是一款经典车型，你已经开了30年，对它喜爱有加，但现在是时候把它卖掉了。你的心理价位是3.5万美元，而买家想以2.5万美元买下，你同意了。但在交易完成后的第二天，买家立马就后悔了。你本来能把这件事处理得更好，但搞砸了，因为你急于接受对方的第一次出价。

我们换个角度来分析这个问题。假设你是买家，出价2.5万美元买了一辆报价3.5万美元的雪佛兰，而卖家立刻接受了你的报价。你会觉得这笔交易划算吗？不，你可能会觉得这车有问题，否则的话，卖家不会这么爽快就成交。所以你看，谈判不仅要达成一个令买卖双方都满意的价格，而且还要让两者都觉得这笔交易很划算。

永远不要答应首次出价的另一个原因就是买方事后会后悔。在雪佛兰二手车这个例子中，作为买家，你出价

2.5万美元去买对方心理价位为3.5万美元的汽车,卖家立即接受了你的报价。你脑海中的第一反应是什么?我赚大了?真不敢相信我这么幸运?不,你可能还会觉得,如果自己不先出价的话,也许能以更低的价格买到这辆车。

但这个故事还有另一面。如果卖家根本不跟你讨价还价,此举可能会惹怒你。从某种程度上讲,你可以把谈判视为达成交易的唯一公平的方式。如果有人问了价格以后,谈都不谈就直接转身离开,你可能会产生一种被人拒绝了的感觉。但如果你和对方谈过价格,即使没有谈拢,双方也都知道了原因在哪里,不至于闹得不愉快。

我在加州的尔湾市花了25.6万美元买下了我的第一幢房子(有人开玩笑说,如今在加州,你仍然可以花150万美元买到一幢价值30万美元的房子)。但是,在成交之前,卖家不愿跟我谈价格。我处于被动地位,因为我的房地产经纪人正在附近挨家挨户地问别人卖不卖房子。房主开了个条件:只有我接受他们的出价,他们才愿意把房子卖给我。这种"你爱买不买"的态度让我很生气。我威胁说,除非房价包含他们新买的IBM个人电脑,否则我就不买。无论这个添头多么小,至少我得到了一些额外的好处。只要双方愿意展开谈判,我心里就会觉得舒服多了。

假设你在一家公司工作了3年，领着微薄的薪水，心想着公司应该给你加薪了。你觉得无论公司给你加多少钱，只要加薪就是好事，毕竟这表明公司重视你所做的工作。可问题在于，你的老板过去曾多次拒绝你的加薪请求，你真的有必要再问他一次吗？在成功完成了一个特别艰难的项目后，你终于鼓起勇气，走进老板的办公室，再次要求他给你加薪。这一次，老板同意加薪5%。你欣喜若狂，一时激动之下，你同意了老板的加薪幅度，并对其充满感激之情。但你是否想过，老板可能会愿意给你加薪10%甚至20%呢？说不定还愿意给你更长的假期呢？甚至还会把你的租车费用加入"一揽子"福利里呢？遗憾的是，你永远无法知道这些。

为什么？就因为你接受了对方的首次出价。通常情况下，当我们感到难为情或不敢开口提条件时，就会倾向于接受对方的任何提议，以缓解谈判所产生的焦虑感。你不需要提一些会引发争吵的要求，只要和老板谈论你过往的工作成绩和表现，从而婉转地要求老板加薪即可。

在开始任何谈判之前，你要明白一点：你的目标是以更理想的条件达成交易。对方提供了某些看似合理的条件，但你要坚信自己能够在不与对方撕破脸皮的情况下达成你的目标。比如，你可以表现出对对方的尊重，以风趣幽默甚至是谦逊的口吻讲话。事实上，这些个人品质将有助于你达成你想要的交易。

我们将在本书后面的章节讨论一名优秀谈判者的心理特征。但是，你要把任何谈判都视为使双方共同获益的活动，并相信自己能够获得最理想的交易。

我的妻子梅丽塔是美国一家航空公司的空乘人员。她和我可以免费乘坐她公司的航班飞行，也就是所谓"免费乘客"。尽管我仍要自掏腰包购买往返演讲活动所在地的机票，但外出休闲旅游的机票钱可以省了。所有航空公司员工的旅行经验都相当丰富。我们都知道如何在起飞前24小时预订航班和办理登机手续，而大部分精明的"免费乘客"会在登机口检票员那里办理登机手续，让检票员知道我们已经来到登机口了。但令人惊讶的是，检票员会宣布这些乘客的名字，并向乘客随机分发登机牌，而不会问他们是否接受登机牌上的座位。绝大多数"免费乘客"对于有座位坐已经心满意足了，又或者他们根本不知道如何谈判。我每周飞行近1.3万公里，对每一架美国飞机的构造几乎了如指掌。我最喜欢的座位是经济舱内靠近出口的那一排位子，因为那里空间宽敞，可以伸直双腿。通常情况下，当检票员给我换登机牌时，我会要求对方给我安排靠近出口的那排座位。然后，谈判就开始了。如果对方说那一排没有座位了，我会询问舱壁旁或出口那一排的乘客是否还有没办理登机手续的，甚至还会问哪一排座位是全空的。这招在国际航班上特别管用，因为如果整排座位都没人坐的话，我就可以躺在上面睡觉了。

你要敢于开口去问，不要怕被对方拒绝，并且要懂得在被对方拒绝后如何应对。我甚至能够通过谈判获得一个头等舱位子，不过这种好事可遇不可求。有一次，我要乘坐一趟从中国上海起飞的航班。我是"免费乘客"，那趟航班要飞14个小时，而且我的位子是经济舱，无法伸直双腿。我注意到头等舱的一个座位是空的，于是问登机口检票员为什么那个座位没有人坐。她说座椅坏了，不能让普通乘客去坐。我提醒她说，我是"免费乘客"，不介意坐在头等舱一张坏了的座椅上。实际上，那张座椅唯一的问题是它无法完全向后倾斜，但毫无疑问，它比经济舱的座椅要舒服得多。最终，我达成了自己想要的交易，坐进了头等舱，而登机口检票员也能把经济舱多出来的这个座位留给后面的乘客，这无疑是一场双赢的谈判。

★★★ 要点小结 ★★★

1. 不要接受对方的第一次出价或还价,否则的话,对方会觉得,"我本来还可以出个更好的价格"或者"肯定是哪里有什么问题"。
2. 培养谈判的心理。不妨考虑通过适当的互动展开谈判,比如谈论生意和家庭,甚至是组织一场活动。想想如何借助谈判把事情做得更好。
3. 当你不接受对方的首次出价时,对方可能会报出在你看来更好的价格,你要为此做好心理准备。在谈判过程中,要把最终目标牢记于心。不过,你要自始至终都清楚,除非对方转身离开,否则谈判总是有回旋余地的。

▶ 准备2
别只想着价格

谈判不总是只与价格有关,通常情况下,双方还要就交付速度、产品或服务的质量、融资条款、保修、售后服务、获取公司内部的其他服务、安心程度和可靠程度等展开讨论。

事实上，绝大多数高级的谈判只有部分内容涉及价格。更多情况下，谈判涉及"一揽子"方案。我的朋友安东尼·帕里内罗（Anthony Parinello，我叫他托尼）在《向高管推销》（*Selling to VITO*）一书中谈到了他在加利福尼亚大学圣迭戈分校（我的母校）的一次谈判经历。学校向托尼发出一份项目招标书，于是他与教务长进行详谈。他知道，为了争夺这个项目，他的所有竞争对手都将不惜亏本赚吆喝。托尼问教务长更关心"价格"还是"长期成本"，并解释说"价格"是短期内要花的钱，而"长期成本"是未来要花的钱。教务长意识到，服务、售后服务、可靠程度和公司的稳定性比单纯的价格更重要。就这样，托尼无须再担心那些打算做亏本生意的竞争对手，而是与教务长就"一揽子"服务展开了谈判。

你愿意放弃哪些价格以外的收益？你会置供应商的可靠度不顾吗？如果你买来的产品有问题，你会放弃售后服务吗？你会因为价格很低而忽视交货条件吗？最近，我在eBay上与一个卖家谈判。对方想以180美元的价格出售一只新的"威尔胜"Clash系列网球拍，我出价140美元，最终双方以150美元成交。但是，如果不能退货，或者网球拍需要几个月的时间才能寄到，我还会跟卖家谈判吗？我有PayPal作为第三方担保，可有效防止对方骗钱。即使你买的只是网球拍，也仍然要考虑很多除了价格以外的因素。

回想一下你过去的谈判经历。你谈的只有价格吗？你是否在认定对方的服务、交货时间和质量都没有问题之后，才与之协商价格？

乔治·卢卡斯发迹史

一个看似最不会谈判的人，却通过谈判做成了历史上最赚钱的生意之一，这个人就是以电影《星球大战》闻名的乔治·卢卡斯。让我们把时针拨回到几十年前，卢卡斯正在为一项交易的谈判工作做准备，这笔交易后来为他带来了数十亿美元的个人财富，而这都是因为他明白一点：除价格之外，其他谈判条件能创造更大的价值。

1974年，乔治·卢卡斯刚刚完成了《美国风情画》（*American Graffiti*）的制作和执导工作，这部电影大受欢迎。可当卢卡斯带着他的下一个项目联系二十世纪福克斯电影公司时，对方开出了一个很低的价格，只肯就《星球大战》支付他10万美元的导演费以及10万美元的制作费。

乔治·卢卡斯灵机一动，提出《星球大战》所有角色的商品销售权归他所有。和华特·迪士尼一样，他深知主题公园、玩偶、纪念品和玩具带来的商品销售收入比票房收入要高得多。

1977年，《星球大战》上映后一炮而红，卢卡斯很快就成了百万富翁。不过，他的亿万资产是靠谈判技巧挣来的。如今，他的身价超过了53亿美元，这笔财富大部分源于他将自己的电影制作公司"卢卡斯影业有限公司"卖给了迪士尼，而后者根据《星球大战》的原创概念制作了更多系列电影。几乎地球上的每一个人都见过《星球大战》的品牌产品或看过该系列的电影。卢卡斯本可以靠《星球大战》第二部赚到更多的钱，但他并没有这样做。如果他当初只盯着导演费和制作费不放，可能就不会成为亿万富翁了。卢卡斯发挥了自己的创造力，找到了价格以外的谈判条件，最终打开了财富的大门。

我的一位朋友以3000万美元的价格卖掉了他的树木服务公司，然后拿出赚来的一部分钱创立了一家为火车头服务的移动维修公司。对铁路公司来说，维修火车头的成本是巨大的。他们必须让列车停运，把车头运到指定的场地维修，再把修好的火车头送回铁轨上。上门维修服务可以是每晚150美元，你要求前台把经理叫过来谈价格。经理过来后，你对他说，你想在酒店住3晚，前提是他们给你免费升级到套房。经理当然希望酒店能够满房，因为他知道，空闲的房间是不赚钱的。他很可能会同意你的要求（不过，他也许会要求你不要把这笔交易透露给任何人）。套房的牌价是250美元，标准间的牌价是150美元，两者的差价为100美元。你没有直接跟对方谈价格，而是对价格以外的东西提出了要求，实际上你通过这种方法赚了钱。

《创智赢家》（*Shark Tank*）是美国消费者新闻与商业频道（CNBC）推出的一档节目，非常受观众欢迎。这档节目的初衷是用创新的产品和服务来为创业者提供资金，而资金来自嘉宾投资团的一些成员，包括知名投资人凯文·奥利里（Kevin O'Leary）、马克·库班（Mark Cuban）和芭芭拉·科科伦（Barbara Corcoran）。通常情况下，投资人会以低价收购初创公司的大部分股权。每一集节目都会演变成投资人和创业者之间的谈判，而当价格谈判陷入僵局时，投资人可能会大谈特谈他们帮助初创公司取得成功的经验。有时候，创业者会接受较低的报价，因为只有这样，他们才能与知名投资人合作，后者可以帮他们的初为铁路公司节约一大笔钱。

然而,我的朋友在试图出售维修服务时遇到了难题。如果铁路公司购买他的服务,工程师就会失业,维修工也会下岗。他所做的一切会引发工会抗议,员工罢工,铁路停摆。创业第一年,我的那位朋友损失了200万美元,他希望能在第二年实现收支平衡。从这个案例中我们可以看到,价格并不是决定性因素,有时候价格甚至是最不重要的因素。

对很多卖家来说,只要你不跟他们谈价格,他们倒是非常愿意谈判的。例如,如果你同意按商品的标价付款,但要求卖家连夜发货,那你遇到的谈判阻力可能会少一些。再举个例子,假设你考虑买一张床垫,但又觉得床垫公司的交货时间太慢,想让对方快点交货,你打算怎么做?你可以接受卖家的报价,但要求对方在一周内交货。卖家可能会说:"我尽量吧。"但如果你拥有高超的谈判技巧,你会回答说:"我真的很想买这张床垫,但前提是你能保证在7天内交货。"对卖家来说,接受你的交货条件比价格打7.5折要容易得多。

众所周知,酒店客房的价格非常容易协商,尤其是在你有身份地位的情况下。比如希尔顿酒店标准间的牌价创公司快速成长，总比他们单打独斗要好得多。

CNBC还有一档知名的电视连续剧，名为《利益者》（*The Profit*）。马库斯·莱蒙尼斯（Macus Lemonis）在剧中饰演一名风险投资人，他的工作就是拯救那些在倒闭边缘苦苦挣扎的公司。莱蒙尼斯最喜欢说的一句话就是："当我进行个人投资时，任何与我合作的公司都将取得成功，只要他们按我说的去做。"在每一集中，他都会根据初创公司的当前市值做出判断，要么放弃注定会失败的企业，要么提出收购价格。他按初创公司8%到49%的市值完成收购之后，往往会接任公司高管职位，有时甚至会赶走创始人和股东。莱蒙尼斯在剧中总是强调，他投入的钱只是投资的一小部分，他的专业技能、花费的时间和知识远比他投入的资本重要得多。

从这些案例当中，你可以看到，钱并不一定是谈判的重点，其他因素可能与钱同样重要，甚至更重要。

★★★ **要点小结** ★★★

1. 倾听对方的想法，从中找到对方看重的除钱以外的其他问题。

2. 询问对方,这些问题对他有多重要。
3. 适时把对方关心的问题引入谈判。

▶ 准备3
做好被对方拒绝的准备

谈判对手可能会拒绝你,所以你要做好心理准备。如果酒店已经满房,大堂经理可能没有动力和你谈订房的事情,但至少你已主动询问过对方,并尝试过与之谈判。

美国前总统唐纳德·特朗普曾吹嘘说,他通过谈判买下的酒店和纽约市的写字楼如今已价值数亿美元。但他没有提到的是,他放弃的交易的数量是他达成的交易的10倍。

"因为"是个神奇的词语

有时候,你希望谈判对手为你提供便利,而提出请求的方式很重要。哈佛大学的一项研究表明,使用"因为"一词能产生令人印象深刻的效果,能让谈判对手听取你的请求。举个例子,一群学生正在排队等待复印资料,一名学生走到队伍最前面的人那里,问能否插个队。她成功的概率只有13%。研究人员教她在提出插队请求时使用"因为"这个词,让她再去尝试几次。她对队伍最前面的人说:"你介意我插一下队吗?因为我马上要把资料交上去。"结果,83%的人都答应了她的请求。一名研究人员想知道,这到底是她说话态度的功劳,还是"因为"这个词发挥了作用。于是,她找到另一队正等待复印的学生,用"因为"提出请求,但没有做其他任何解释:"你介意我复印一些资料吗?因为我需要复印这些资料。"这句话很累赘,但也有83%的人答应了她的请求。

提请求的方式就和谈判本身一样重要。例如,你可以说:"如果你能帮我升级成套房,我就会在你们酒店住3晚,因为我和客户有一个非常重要的会议,他们很想看看你们酒店的套房有多么豪华。"或者你可以说:"我想在你们酒店住3晚,因为我的客户正在物色会议的举办地,我想向他们推荐你们酒店,你觉得可行吗?"

我敢说,你能看出只提请求和加上"因为"以后两者之间的效果有着很大差别。我将在本书后面的章节深入探讨更多影响谈判的心理因素,但现在你不妨尝试用"因为"向别人提出请求。此外,你还要注意自己说出"因为"以后，对方与你的关系是否变得融洽了，或者对你给予更多关注，甚至对你微笑。"因为"是个神奇的词语，绝大多数人都会对它做出回应。

★★★　**要点小结**　★★★

1. 每次谈判之前，要做好被对方拒绝的准备。
2. 每次谈判之前，要认为对方是希望通过谈判达成交易的，谁都不想无功而返。
3. 向对方提出请求时，记得用"因为"来阐明理由。

▶ 准备4
提出高于预期的要求

你是否想过，你其实可以做得更好？

你向老板提出的加薪幅度是否高出了你的预期？

如果你到一家高档餐厅就餐，却发现菜的味道很差，你是否有胆量要求餐厅给你免单，虽然你知道对方不太可能满足你的要求？

如果你知道卖家以从不主动出价而著称,你还会要求对方给你打折吗?

许多年前,我住在南加州,家里的电费很高,这让我感到很恼火。南加州爱迪生公司(Southern California Edison)收取的夏季电费是每月600美元。为了把每月电费控制在25美元以下,我决定使用太阳能供电。问题是太阳能的安装费用很高,需要4.5万美元,还要向加州政府贷款8000美元。我想用一场演讲或音频和视频培训项目来抵销这笔费用。我以前就这样操作过几次,比如用我的产品跟商家交换户外家具,甚至是一个烧烤架,但这些交易涉及的金额最多只有几千美元。

我找到一家名声很好的公司——洛杉矶太阳能公司(LA Solar)。我打电话给公司老板,请他报个价。我想着让他给我一个折扣,而作为交换,我可以把我的音频和视频节目赠送给他,或者给他公司员工提供一次培训课,但我没有直接说出口,而是提出用我的服务来换取3.7万美元的全部安装费用。那位老板同意了这笔交易,但有个前提:我必须为他的整个销售团队提供培训,同时帮他提高管理和招聘技能。我惊呆了,因为我从未想过有哪个公司会同意花这么一大笔钱购买我的服务。我曾一直认为,企业是要追求利润的,平本或亏本生意没人愿意做。正因为如此,你的开价应该高于你的预期:说不定对方就满足你了呢?

开价高于预期还有诸多其他好处,其中一个就是对方也会觉得这笔交易很划算。由于你夸大了自己的需求,所以,即使最终以低于开价的价格成交,你也能坦然地接受。

这种准备之所以屡试不爽,其最大的原因在于人们天生就倾向于妥协,很少有人会采取强硬的立场,他们往往愿意放弃一些东西。

家人是我们最常面对的谈判对手。比如你叫孩子去打扫自己的房间,他们却要求吃完晚饭后再做这项家务;你的配偶想开家里的高档轿车去见朋友,但此时你恰好也想开那辆车,如果她同意在说好的时间内把车开回来给你用,你就会做出让步,让她把车开走。

我的小女儿卡罗琳拥有高超的谈判技巧,我早已对此适应了。一次,我叫她收拾灶台上的盘子。她说,只有在我收拾好自己的盘子之后,她才会收拾她的。她甚至没有意识到自己正在跟我谈判。这些天,我正在学习如何才能提出一个高于我预期的要求。如果我想让她洗盘子,就先问她是否愿意打扫整个厨房,一旦她表现得犹豫不决,我便追问她能否先把自己的盘子洗干净。这个方法通常都能起作用。

基辛格曾是美国政治史上最出色的谈判专家之一。在他的推动之下,美国向中国大陆敞开怀抱,并从越战的泥潭中走了出来。如今,基辛格已至期颐之年,却仍是一位出色的谈判高手,活跃在世界各地的谈判桌上。他曾说:"谈判是否高效,取决于双方是否夸大了自己的需求。"对他来说,最重要的准备就是"永远要提出高于自身期望的需求"。

在2015年伊朗核谈判期间,美国政府想全面解除伊朗的核武器,伊朗则想索回伊朗人质危机期间被美国冻结的资产。伊朗人质危机可以追溯到吉米·卡特就任总统时期,从那时起到2015年,伊朗被冻结的海外资产总额超过1500亿美元。最终,伊朗政府得到了他们所要求的所有资金,而他们的核武器研发也短暂停滞了10年。美国还向伊朗送上数亿美元,作为伊朗释放美国人质的奖金。伊朗人提出了高于自身期望的需求,并且都得到了满足。我敢说,他们肯定后悔自己要少了,没有对美国狮子大开口。

特朗普当政后,美国退出了伊核协议,并对伊朗政府实施了严厉的经济制裁。截至本书撰写之时,伊朗人再次坐到谈判桌边，要求撤销所有制裁，并愿意暂停研发核武器。我认为这就是高出他们预期的要求，让我们拭目以待，看他们的策略能否再次奏效。

20世纪90年代初，野心勃勃的伊拉克总统萨达姆·侯赛因入侵了科威特，时任总统布什面临着严峻挑战。美国政府以严厉措辞向伊拉克提出了要求。第一，伊拉克军队立刻撤离科威特；第二，萨达姆必须恢复科威特的合法政府，并对科威特遭受的损害做出金钱赔偿；第三，萨达姆必须允许美国对所有伊拉克军事人员和武器装备进行审查。

萨达姆不可能同意这些条件。倘若同意了，其权力将会被削弱，并会导致民众推翻他的统治，美国政府的高官们对此心知肚明。或许他们从未打算与萨达姆进行谈判，而只是想击败伊拉克军队。以下两种结果是美国愿意接受的：要么废黜萨达姆，要么从军事上打败他。布什总统提出了高于他预期的要求，且不愿意接受任何低于该要求的结果。

伊拉克军队被以美国为首的多国联军击败后，撤退到了本国边界。2003年，美国第43任总统乔治·W.布什再次向萨达姆提出要求，要求其放弃所有武器，离开伊拉克。我对此的推断是，和老布什一样，小布什也知道萨达姆永远不会满足他们的这些要求。但小布什想入侵伊拉克，因为他知道，这是消灭萨达姆·侯赛因并结束后续威胁的唯一途径。小布什的这一要求本就是超过他自己的预期的。

有时候，专业的谈判高手会诱导你参与到谈判当中。汽车经销商或房地产开发商承诺，你提出的任何价格他们都会加以考虑。这只是引诱你走进4S店或售楼处的一种方法。他们会诱使你提出高于自身预期的要求，然后用低于你预期的条件来讨价还价，而你很可能会妥协。这就是专业谈判高手所擅长的事情。但是，除非你拥有专业谈判高手的技巧，否则你无法得到自己想要的东西。

当你面对的是一位专业谈判高手时，最好让别人代表你去谈，这正是律师比他们的客户更能达成理想交易的原因之一。因为客户对谈判太过关切，而又不具备谈判技巧，所以无法开展有效的谈判。下一次，如果4S店引诱你去购买自己梦寐以求的汽车时，你要么先看一下本书，要么找个人和你一起去，并把你想如何达成交易的要求告诉你的伙伴。然后，你要告诉伙伴，如果对方给的条件不够优惠，他可以把你从4S店里拉出来，必要时还可以强行拖走。如果对手是一位比你们优秀的谈判高手,千万不要栽在他手里。

当然,我们的孩子非常擅长提出高于自身期望的要求。我的好友、谈判专家罗杰·道森(Roger Dawson)告诉我,他的儿子德怀特在16岁时想借罗杰新买的雪佛兰科尔维特跑车去兜风。罗杰不同意,德怀特随后说:"如果你不让我开科尔维特,那我借你那辆小货车总可以吧?"罗杰同意了。

30分钟后,德怀特所在乐队的3名成员带着鼓和器材来到他家,准备一起去参加当晚的现场演出。罗杰意识到,德怀特从来就没打算开科尔维特出去。但德怀特知道,如果他一开口就要那辆小货车,可能不会如愿。既然如此,何不假装要借科尔维特,经过与父亲的一番谈判之后,最终得到他想要的小货车呢?出于本能,德怀特提出了高于预期的请求,并让父亲妥协,从而得到了他真正想要的东西。

★★★　　**要点小结**　　★★★

1. 提出高于预期的要求,因为可能会被满足。

2. 提出高于预期的要求，随后诱使对方妥协，从而达到双赢的结果。
3. 提出高于预期的要求，因为人们天生倾向于各让一步。

退而求其次

"提出高于预期的要求"的准备的目的是实现部分需求，甚至全部需求。假设你经营着一家服装店，想把一套昂贵的西装、领带和衬衫卖给顾客，你会先卖价格最低的领带，然后再追加销售吗？或者反过来，你会选择先卖价格最高的西装，然后按价格从高到低卖其他产品吗？

常识告诉我们，应该先卖小件衣物，然后再追加销售。但如果你具备"提出高于预期的要求"这一准备，你可以向顾客推荐全套衣物，并准备好顾客会拒绝你推荐的部分产品。比如你先向顾客展示几件西装，从中发现他喜欢的款式，然后给他看各种不同款的衬衫，最后再给他推荐几条领带，以确定哪条领带与西装和衬衫最相称。

在展示完最后一件衣物后，你询问顾客是否想购买所有的商品。如果顾客说是的话，那你运气简直太好了，因为你根本没有预料到他会买下全套服饰。但是，如果他只愿意买西装和衬衫呢？这笔交易仍然超出了你的预期。

我有一位客户是财务顾问，他向一名65岁的退休老人推荐了一份退休财务计划。那位老人手里可投资的资产接近100万美元。我的客户提议让他在股票市场投入40万美元，另外60万美元则用于年金等稳健收益渠道的投资。老人起初不答应，他不想把所有钱都交给同一位财务顾问打理。不过，我的客户牢记"退而求其次"的理念。他说："您至少可以将40万美元资产投到稳健基金当中，以确保这笔钱免受波动影响，您愿意吗？"老人同意了。我这位客户成交了一笔生意，虽然他没有说服老人投资全部的100万美元，但也至少拿出了其中的一部分。我的客户一直与那位退休老人保持联系，后来又成功说服对方将剩余的钱拿给自己打理了。

我们都有一种强烈的倾向：当别人向我们提出要求时，我们往往愿意妥协；而只有在必须做出非此即彼的决定的情况下，我们才可能会拒绝对方。

★★★　　**要点小结**　　★★★

1. 当对方不同意你的方案时，退而求其次，适当做一点妥协。
2. 对方说"不"并不意味他拒绝了你，而是意味着他无法做出某种让步。

▶ 准备5
学会夹心法

你在买卖物品的时候,有没有想过商品的售价是否合理?令人惊讶的是,无论买卖汽车、电脑还是运动器材,买卖双方的最终成交价都落在要价和报价的中间位置。早年,我有一辆英国产的"阳光阿尔卑斯"敞篷车,它配备了一台巨大的引擎,是收藏家们的最爱。虽然"阳光阿尔卑斯"性能优异,但它不太保值。1971年,我在报纸上打了广告,要以7000美元的价格将其卖掉,一位买家还价6000美元。你能猜到我们最终的成交价吗?没错,6500美元。

我之前说过,人类天生有妥协的倾向。无论分歧多大,我们都希望与别人达成一致。每当我和妻子在某个问题上产生分歧时,总会尝试着去达成共识。前几天早上,我打电话给一位朋友,约他8点半打网球,而他想10点钟开始。猜猜看,我们最终约好几点开球?没错,9点15分。

在任何谈判中,双方都倾向于达成折中方案,这正是夹心法屡试不爽的原因。

需要强调的是,夹心法是一种可选的妥协手段,而非谈判结果。由于买卖双方最终达成的价格总是在中间价位,所以,在预测最终价格时,你应该把它设定在报价和自己心理价位的中间位置。永远不要率先出价,否则,对方往往会还一个中间价。就比如一辆二手汽车的标价是2万美元,而你想用1.8万美元把它买下来,那你就出价1.6万美元。再举个例子,有人想以500美元的价格卖一辆"崔克"牌自行车,而你希望最终以400美元成交,那就还价300美元。明白了吗?你在设定报价时,要预测最终的中间价是多少。

最近,我在一间网球用品店买了一双"百宝力"运动鞋。店主詹姆斯很大方,经常给我打折。但这次,詹姆斯没在,只有他儿子在店里。我问他:"这双鞋多少钱?"

他说:"120美元。"

"詹姆斯经常给我打折,但我忘记打几折了。这双鞋99美元能卖吗?"

"含税价110美元吧,怎么样?"

我笑着说道:"这价格还可以,谢谢你。"夹心法永远有效。

想想看，你可以用无数种方式来使用夹心法。如果卖家寄给你的包裹要7天内到达，并且要收取你5美元的运费，你可以要求他隔夜交货，且不收取任何额外费用。卖家可能会嘲笑你，甚至告诉你这样会让他赔钱，但我敢保证，双方最后都将各让一步，以中间价成交。

假设你正在组织一场活动，已经跟活动策划公司租借了桌椅，但后来你要取消订单，支付了订单金额的50%作为取消费。但事情发生了变化，你要在6个月后重新组织这场活动。活动策划公司要求你交50%的定金，而你想把之前的取消费都拿回来，并向对方保证说，你很快就会重新安排活动的时间。猜猜看，谈判的最终结果是什么？也许是你支付25%的定金，并与活动策划公司为下一场活动签订了新合同。

有时候，夹心法对你极为有利，你无须做出任何妥协。最近，我买了一台惠普打印机。当我收到打印机时，发现它已经坏了。修理店的老板匆匆看了一眼，说它已经无法修复了。我打电话给卖家，要求对方退钱。我的理由完全站得住脚，因为我收到了一款损坏的产品。卖家提出退款给我，并让我用这笔钱购买另一台性能更好的打印机，且不用补差价。她甚至主动提出帮我付运费。我对她说，我3天内就要用到打印机，并问她新的打印机是否包含彩色墨盒。她同意了我的一切要求，没让我做任何让步。事实上，在这次谈判中，若完全依照夹心法，最终的结果应该是对方答应退款，但前提是我自己把损坏的打印机寄回去，且运费由我承担。通常情况下，只要你恰当地运用这些技巧，就能得到你想要的东西。

20世纪90年代，克林顿总统被国会弹劾，你还记得这一切是怎么开始的吗？宝拉·琼斯（Paula Jones）指控克林顿在任职州长期间对她进行性骚扰，并起诉了他，要求其赔偿100万美元。在担任总统期间，克林顿提出赔偿琼斯50万美元。猜猜看，在总统任期结束后，克林顿与琼斯的最终和解金额是多少？ 75万美元。

在我看来，如果克林顿能早点儿与琼斯达成庭外和解，也许他就不会被指控在法庭上撒谎，从而被吊销阿肯色州的律师执照并遭到弹劾。克林顿请辩护律师花的钱远超和解费用，并且他其实是一名厉害的谈判高手，却并未运用自己的谈判技巧亲自参与其中，而是把这件事留给了律师处理。可以说，他的代表律师没有尽职尽责。

以下这个例子足以证明克林顿拥有高超的谈判技巧。

1993年,墨西哥金融债务濒临违约。他们想从美国那里获得一笔820亿美元的贷款,但当时的墨西哥总统何塞·洛佩斯·波蒂略(José López Portillo)拒绝美国向其收取1亿美元的贷款手续费。尽管波蒂略拒付手续费,但最终还是交了5000万美元。这是夹心法的又一个范例。

夹心法的窍门在于,你要让对方先出价。如果你先露出底牌,对方就可以挤压你的价格空间。提问是一种艺术。例如,如果卖家说一辆汽车的售价是2万美元,而你使用夹心法还价到1.6万美元,卖家可能不会同意,并拒绝与你继续谈判下去。不过,你现在正在学习谈判,所以你可以使用"因为"这个词,比如这样说:"您的车很漂亮,当然值2万美元。但我需要一辆性能可靠的车,因为这车是给我女儿用的,我担心如果它在半夜坏了,我女儿就会被滞留在路上,这对一个年轻的女大学生来说太危险了。您就当帮我女儿一个忙,我们以1.6万美元成交,可以吗?"当然,最终的成交金额将会是1.8万美元。

通常情况下,向谈判对手讲述你的需求和担忧是不起作用的。但是,我们并非冷血的机器人,而是有情感的人类,善于为自己的决定寻找合理的理由。如果卖家知道你有多需要一辆性能可靠的车,只要你给他们一个理由,他们便乐于做出回应——当然，你要使用"因为"这一神奇的词语。

多年以前，我在一场研讨会上发表完演讲后，开始按照平时的标准流程向观众推荐音视频教材，而这些教材的价格表就标在我发给观众的讲义中。当我在签售图书时，一位中年女性说她买不起我的教材，但又非常想使用它们。她是一位单亲妈妈，要抚养3个孩子，日常开销很大。她坚信我的教材能帮她提高收入，并问我是否愿意给她一个折扣，因为她特别需要这些教材。我问她想要多大折扣，她说，按我的报价打5折。

当时我正在签售图书，不想因为这件事妨碍周围的潜在买家买我的书。我问她是否可以15分钟后回来，到时候我们再谈谈。在大批观众购买了我的书和音视频教材之后，她又出现了。我以5折的价格把她想要的所有资料卖给了她，没有还价。我这样做的理由是：她的态度很真诚，而且懂得运用谈判技巧来帮助她的家人。此外，我也不想把剩下的音视频资料运回办公室了。这是一个很好的例子，它不仅说明了夹心法的好处，也说明了要求对方让步的理由和方式与让步本身同等重要。

★★★　**要点小结**　★★★

1. 在谈判之前确定你的价格底线。
2. 还价时运用夹心法，使中间价格成为你所希望的最终成交价。
3. 始终相信人们愿意以折中的价格成交。

▶ 准备6
装出震惊的样子来

谈判高手在听到对手的提议和报价时，总会故意做出一副吃惊的样子。换言之，他们会表现得十分震惊。当有人给你报价时，对方会观察你的反应。由于大多数人缺乏谈判技能，所以不知该如何合理地还价。即使你觉得没必要还价，卖家也会借机在报价的基础上增加各种额外的费用。想避免这种情况的发生，你就必须在对方第一次报价时故作震惊之色。

我犯过很多次这种错误。每当卖家给我推荐某种产品或服务时，我总是激动不已，迫不及待地接受对方的报价。随后，对方又增加了很多额外费用。例如，我想建个网站，一位网站设计师告诉我，新的网站模板只需要500美元。我原以为对方要开价1000美元，没想到这么便宜，于是说这价格很合理。紧接着，设计师说我每月还需支付100美元的网站维护费，而这一切都是因为我听到500美元报价时没有表现出震惊的样子。

我之前提到过，1989年，我和梅丽塔去柏林旅行。在那次旅行中，梅丽塔在一家高档服装店的橱窗里看到了一件毛皮大衣，店员说它的售价是1000美元。为了给我的女朋友留下好印象，我微笑着对店员说，我还以为它的价格不止1000美元。尽管面露笑容，但我心里其实很紧张，因为我知道手里的钱只能勉强买得起那件大衣。然而，由于我表现出一副很乐于接受对方报价的样子，那名店员马上补充说，售价不包含23%的州消费税和5%的打包费。如果我当时知道故作震惊法的话，就可以少花280美元或省下更多的钱，甚至可以让对方打折。

要如何故作震惊？

我们把这个案例与另一种情况做对比，比如你想买一幅画，卖家开价100美元，你故作震惊地说："好像不值那么多钱吧！"然后，卖家提出随画附赠你一个价值25美元的画框，而且免费送货上门。仅仅因为表现得一脸惊讶，你就获得了35美元的折扣。你想做个有礼貌的人，不想为了讨价还价而表现得粗鲁；但是，你明明可以得到一个更低的价格，却偏偏碍于礼节去接受高价，这样对你没有任何好处。

我听说有个谈判专家建议学员对着镜子练习故作震惊的样子。你可以皱眉，翻白眼，甚至可以摇头。不过需要注意的是，只有在与老板或经理谈判时，你才能这么做。小时工可不在乎你是否震惊，因为他们没有议价权，也不在乎你是气急败坏还是怒发冲冠。

专业的谈判者都是举止优雅之人。某些"专家"建议我们在谈判时要故作震惊，以向卖家表明他的报价激怒了你。他们还建议说，你要贬低卖家的产品或服务，说它根本不值这个价钱。但是，谈判的本质是买卖双方互动并建立人际关系。如果有人想购买你的服务，却抱怨价格过高或服务存在不足，你是会愿意在价格上做出让步，还是会产生抵触情绪？

多年以前，一家投资置业公司想开发小型购物中心，为了募集资金，该公司邀请我为它在美国各地的客户演讲。他们知道，这些客户更愿意听我演讲，而不是听批发商们讲一些推销生意的陈词滥调。该公司的总裁是一位女士，谈判风格绵里藏针，我给她起了个"天鹅绒大锤"的绰号。她会把你捧得很高，然后借机得到她想要的所有让步。当时我的演讲费是每场5000美元，她想让我为公司一年演讲20场。她对我说："您绝对是我们见过的最好的演讲家。听您的演讲简直就是一种享受，您把观众的热情都点燃了。您还可以把我们公司作为您的成功案例拿去宣传，让观众学会如何向客户推销自己。但是，您的演讲费实在太高了，我们承担不了这么高的开支。如果我们无法请您来演讲，那就太可惜了。可您的价格超出我们的预算，您能否帮帮我们，把演讲费降低一些？"通常情况下，只要说完这番话，"天鹅绒大锤"就能达成她所想要的交易。这真是一把涂满蜜糖的大锤。

你可以通过非语言线索和语言线索来表现震惊的情绪。比如你假装很惊讶，并提高声调问对方："你说多少？"你也可以摇摇头，说："我没想到它会这么贵！"你也可以什么都不说，只发出"哼"的一声，然后摇摇头。所有这些语言和动作都能奏效，但你要确保做出这些举动后，要给对方一个体面的说法。

最近，我乘坐美国航空的航班从里斯本返回美国，中途在达拉斯转机。达拉斯机场的清关速度比我想象的要快得多，我还想乘坐早一点儿的班机前往洛杉矶。然而，票务犯了个错误，取消了我的头等舱座位，把我分配到飞机后段的中间座位去了。我把这件事告诉了登机口检票员，她说她对此无能为力。我没有放弃，而是要求找她的主管谈谈。15分钟后，主管终于出现了。他主动提出给我安排另一趟航班的头等舱座位，4个小时后起飞。我一脸惊讶地摇摇头，看着地面，然后对他说："我是你们公司的行政白金卡会员，也是最高级别的乘客。我喜欢美国航空，你们都是航空业最优秀的人。真的要我等4个小时才能拿回我的头等舱座位吗？就因为票务犯了个错？您觉得这样公平吗？"

那位主管坐回到电脑前，帮我升级原来那趟航班的座位，让我优先于其他会员乘客登机。也许你觉得主管只是想纠正票务犯的错，但如果我没有表现出惊讶的话，恐怕就无法达成这笔交易。谈判不仅仅是为了获得更好的价格，它存在于你的日常生活，能让你和家人的生活变得更美好。

在故作震惊时，还必须要尊重对方。如今，卖家和供应商可能会不假思索地拒绝你的要求,这种行为令人难以容忍。此时,如果你表现出一副失望的样子,也许可以试探出他们的真实想法。遇到这种情况时,我往往可以先表现出同理心,然后再提要求,尤其是在与航空公司员工谈判的时候。举个例子,前不久我在马德里的机场要求登机口检票员给我分配一个好一点儿的座位。从马德里飞往达拉斯要坐10个小时,但飞机的头等舱已经满座了,检票员无法给我升级座位。

我先对检票员说:"我知道,登机结束前您很忙,压力也很大。可是,您能想想办法,帮我在经济舱留一排空座吗?"

她说:"等候名单上有20个人,飞机没有空座了。"

其实在问她之前,我就已经知道飞机上还有95个空座,于是我对她说:"我真的很喜欢乘坐美国航空的航班,而且我连续30年都是贵公司的行政白金卡会员。这些年来,你们都对我关照有加,您能再看看现在是否有整排的空座吗?"

你可能会觉得这并不是一次真正的谈判,而只是一个请求。但我提到了自己30年来一直乘坐美国航空的航班,这既暗示了我对这家公司的忠诚,也相当于含蓄地威胁对方：如果她不配合，我就去坐他们竞争对手的航班。不用说，这个策略成功了，她甚至还感谢我多年来都是公司的行政白金卡会员。

你要尝试成为一把"天鹅绒大锤"，而不是一个愤愤不平、受委屈的旅客。"天鹅绒大锤"能维护人际关系，愤怒的旅客却只能制造敌意，就算达成了自己想要的交易，也是得不偿失。在表现震惊时，你可以提供给对方几种退而求其次的方案。例如，航班在1个小时内就要起飞了，这时候，你可能无法得到一个头等舱座位，但在3个小时后起飞的下一趟航班上，你有可能得到头等舱座位。故作震惊法本质上是善意的，你可以表现得惊讶和困惑，但千万不要抨击对方。

上周，我想和一位朋友去打网球，但那天网球场的所有场地都被别人预订了。网球场主管迈克尔建议我们第二天再来。这事对我来说没那么重要，但我想尝试下故作震惊法。我在电话里说："噢，我的天哪！我今天真的很想去打球。今天怎么这么多人，简直太疯狂了。这个网球场您管理得真好！谢谢您帮我查看预订情况。但我今天真的很想打球，您能帮我再想想办法吗？就不能腾个3点半的场地出来吗？"

他说:"我再查一下。也许我可以把另一组人安排到4点,然后把最中间的那块儿场地留给你。"

我一再地向他道谢。故作震惊法并不是为了耍无赖,也不是为了自我陶醉或满足一己之私,而是表达你的真实需求,同时接受最终的结果。但是,当事情真的很重要时,它就是一种很好的工具。

★★★ 要点小结 ★★★

1. 故作震惊法可促使对方向你做出让步。
2. 如果不做出震惊的样子来,对方可能会给你增加额外费用。
3. 当你采用该方法时,一定要有礼貌并尊重对方。

▶ 准备7
永远不要主动提出折中成交

业余谈判者的一个明显特征就是会主动提出折中成交。这似乎是一种公平的做法,毕竟折中后的价格既接近你的报价，也接近对方的要价，那何不节省时间，提出一个公平和中立的解决方案呢？

你千万不可主动提议以折中价格达成交易，因为折中价格实际上并非中间价位。如果你提出以折中的方式定价，对手可能会欣然同意，然后迫使你把价格折了又折。这种情况可能会循环不止，直到达成不利于你的交易。你本想做到公平，但折中成交的效果可能会适得其反。

举个例子，你在跳蚤市场里闲逛，看到一张心仪的桌子，想买下来。卖家要价200美元，而你出价150美元。你觉得最简单的办法是把双方的价格折中，以175美元成交。这似乎很合理，不是吗？这个价格距离双方心理价位就只有25美元而已，真的不值得为这点儿钱斤斤计较。但紧接着，卖家回头对他的妻子说："这张桌子我要价200美元，那家伙出价150美元。"

他的妻子说："那就报190美元吧。"于是他用新的售价跟你谈。你只能在200美元和175美元之间再次折中，这样，中间价就变成了188美元。

如果你遇到这种状况，一定要做好准备不要主动提出按折中价成交。如果你出价150美元，而对方要价200美元，你只要故作震惊或失望即可，这往往能促使对方主动提出折中价格。如果对方先折中的话，他们坚持175美元的可能性更大，而不会提出一个新的价格来折中。

要促使对方主动提出折中成交，最好的办法就是向对方描述你有多想达成这笔交易，同时还要让他们知道你对他们的报价有多么失望。例如，你可以说："我们的价格已经非常接近了，却因为这点儿价差而没法成交，我真的很无奈。我们已经谈了这么长时间了，这结果太令人失望了，我不知道该怎么办。"

对方往往会说："那我们就各让一步吧。"接下来，事情很可能会朝以下两个方向发展：

1.由于是对方主动提出要折中成交的，所以他们可能会守住这个价格不变。

2.你可以说，你要先请示上级，然后再回来找他们。这样，你就可以用上级的名义提出另一个价格，并再次折中。这个方法可以用来发现对方的心理底价，达成你最理想的交易价格。

这种准备最明显的好处是可以防止对方不断地折中价格，而另一个好处则是让对方觉得自己赢得了谈判，因为这是他们主动提出的价格。正如我们之前讨论过的那样，谈判不是非输即赢的零和游戏，而是要着重于培养人际关系，为未来的谈判创造条件，同时让对方对结果感到满意。

多年以前，有家公司邀请我给他们的团队演讲，并报价5000美元。我想要7500美元，但我犯了个错误，问对方："演讲费用定在6250美元怎么样？您觉得这个价格可以吗？"

会议策划人说："太好了，但我要得到总裁的同意。"

第二天，她打电话告诉我："总裁觉得6250美元太高了。5500美元您能接受吗？"

在这个案例中，我犯了两个错误：第一个是主动报价，第二个则是没有与决策者直接谈判，而是与一位没有决策权的行政人员讨价还价。

我应该说："您的价格跟我的底价相差2500美元。我很想做这次演讲，尤其是因为这次演讲符合您所有的目标。您希望来听演讲的员工可以提高他们的订单成交能力，获得更多的指导，并帮你们更有效地管理他们的时间。至于演讲费用，我们双方的价格相差不大，您觉得我们应该怎么做？"

会议策划人要么会提出折中价格，要么会说她先跟总裁商量一下，看看能做些什么。第二天，她就会回来找我，说老板希望以折中的价格成交。如果我同意这个建议，那这次谈判便圆满结束了。

你必须要掌握与谈判技巧相关的基本知识，但与此同时，你也要成为一名业余的心理学家，懂得预测谈判中发生的行为。谈判高手拥有多年的经验，也犯过很多错误。你无须重蹈覆辙，也能从别人的错误中总结经验教训。但是，你必须抓住一切机会练习这些技能。

★★★　**要点小结**　★★★

1. 绝大多数人会主动提出以折中的价格成交。
2. 永远不要主动提折中价。
3. 价格可能会没完没了地折中下去，直到交易变得无利可图。

▶ 准备8
了解挤压法

挤压法是一种让谈判对手立即提供最佳报价的方法。

拒绝接受对方的提议是非常有效的技巧，无论对方的价格多么好，交货速度多么快，甚至产品或服务的质量多么高，你都要提出更高的要求。你要让对方感受到情绪的压力，比如这样告诉对方："你必须给我一个优惠价。"然后话止于此。在任何谈判中，如果你想达成最理想的交易，就要善于进行眼神交流并保持沉默。接下来，先说话的人将会做出让步，所以你可不能先开口。

故作震惊可以表现为皱眉、做鬼脸或摇头，也可以用语言来表达，比如可以说："噢，不会吧。"或者说："哇！我没想到它这么贵！"相比之下，挤压法更直接一些。当你使用挤压法时，缺乏经验的谈判者一听到你的话，就会立即给你报一个更优惠的价格；谈判高手则会说："你希望我给多大的优惠？"你很快就会发现，很多谈判不仅是让对方率先报价，还要让对方报出最优惠的价格。零售行业流行一种理论，即"折扣越大、原价往往越高"。开市客超市（Costco）里的微波炉在打5折之前，它的定价可能就已经过高了。正因为如此，挤压法经常能得到理想的结果。

有一位朋友经常听我谈论这个谈判技巧，于是决定亲自尝试一下。他领着一位客户和4名同事去了一家五星级餐厅就餐,并点了主菜。这顿饭包括饮料和食物在内的费用已经超过了500美元。服务员问他们是否想喝酒,我的朋友看到了表现自己的机会。他问服务员,酒要多少钱,有什么好酒可以推荐。服务员建议他们点5瓶酒,每瓶150美元,总共750美元。我的朋友不想在自己的客户面前点便宜的酒,于是他运用刚学来的挤压法,直接对服务员说:"750美元?你必须给我一个优惠价。"

服务员问:"要多优惠?"

我的朋友说:"非常优惠的价格。"

"3瓶每瓶150美元,怎么样?另外两瓶赠送了。"

我的朋友说:"这价格确实够优惠,成交。"

一旦你使用挤压法,就要学会保持沉默,接下来先说话的人就得做出让步。在我还年轻的时候,我到各地签名售书,发表演讲,遇到过很多经验丰富、两鬓斑白的销售人员,他们会告诉我一些销售技巧。我经常听他们谈论一些操纵客户的策略,比如给潜在客户一支钢笔,然后说:"您觉得怎么样?"绝大多数销售人员无法保持沉默,因为沉默让他们感到不自在。他们通常会过度吹嘘自己的产品,最后再询问对方的想法。而我最喜欢这样问:"您有什么想法?"然后等待对方回复。

加上结束语

如果看到对方若有所思地停顿了30秒,我通常会说一段结束语,目的就是取消刚才的报价,或者建议对方拒绝该报价,比如:"如果这产品不适合你,我完全能够理解。"若潜在客户感兴趣,他们会反驳你的说法,说这产品不错;若他们不感兴趣,那这番话将促使对方更快地拒绝你。

你也可以在使用挤压法时用上这一招。说完"你必须给我一个更优惠的价格"之后,你要等待对方回复,不要说话,也不要提要求。但是,如果对方的停顿时间太长,那就直接说结束语:"如果你不行,我们也可以去别家。"如果对方想做这笔生意,就会对你这句话做出回应。

就我个人而言,我不会说:"你必须给我一个更优惠的价格。"而是会委婉地表达:"价格似乎有点高,我经常来这儿,很喜欢这个地方,你能给我们一个更好的价格吗?"我并没有表现得咄咄逼人,而是试图赞美对方,并由此展开谈判。

我听过美国前国务卿基辛格在越南战争期间使用挤压法的故事。他叫一名国务次卿撰写了一份关于东南亚各国政党情况的报告，一周后，国务次卿完成了这份详细的报告，用封皮装订好，交给了基辛格。基辛格只在报告上写了一句话："报告要写得再好点儿。"然后把它还给国务次卿了。接下来的一周里，国务次卿修改了报告并重新提交。基辛格再次评价道："你还得写得再好一点儿。"然后又把它发回去重新修改。经过三次修改后，国务次卿终于拿着最新的报告走进基辛格的办公室。他对基辛格说："我和团队为这份报告忙活了两周，这是一份很全面的报告，也是我和团队经过深思熟虑和努力工作后得出的成果。"基辛格接着说："既然如此，那我就好好看一下。"基辛格知道如何推动他的下属尽最大努力。只有尽全力写出的报告，他才愿意看。

使用挤压法的目的是迫使对方给出最优惠的交易条件。你要主动问，否则的话，你完全不知道对方能给你多少优惠的条件。

★★★　要点小结　★★★

1. 在回应对方的报价时，你可以这样说："你要给我一个更优惠的价格。"

2. 如果对方用挤压法迫使你让步,你就这样回答:"要多少优惠?"
3. 在潜在结果低于你每小时的收入之前,不要结束谈判。

再强调一次:谈判给你带来的收入是最高的。

▶ **准备9**
　　辨认"红白脸"

　　几乎每一部警匪片里都有警察在审讯室里审问犯罪嫌疑人的场面。一名警察威胁着犯罪嫌疑人,捶着拳咒骂着,并发誓说一定要把对方关进监狱,让他在那里度过余生。然后,另一名警察微笑着走进审讯室,递给嫌疑人一些甜甜圈和一杯咖啡。他说,前面那个警察简直疯了,他不希望嫌疑人在监狱里度过余生,并且真心想帮他摆脱嫌疑。这位唱"红脸"的警察礼貌地向嫌疑人询问真相,以助其摆脱困境。嫌疑人被那位唱"白脸"的警察吓到了,于是把真相和盘托出。接着,其他警察站在单向透视镜后面,面露微笑,继续去办下一个案子。

　　这只是电视剧虚构的情节,不是吗?但实际上,你可能也遇到过这种事情，比如你想买一辆新车，但又不想以对方的标价购买。你怀疑他们可以打9折，但这辆车卖得很好，经销商应该没有库存了。销售人员提出你需要按全价付款，他也确实很想帮你，因为觉得你人不错。销售经理（相当于唱"白脸"的警察）问销售人员（相当于唱"红脸"的警察），给什么样的价格你才能接受。你猛然发现那位销售人员居然与他的经理展开了谈判，而实际上他并不属于你这边。

最近这种事情也发生在我的身上。我和梅丽塔在葡萄牙的阿尔加维地区买了一幢房子，我们从洛杉矶飞到里斯本，然后开了3个小时的车来到葡萄牙西南部一个叫卡武埃鲁的地方。那里曾是美丽的渔村，现在变成了旅游胜地。18个月前，当我们在那里度假时，看到了这幢面积为185平方米的豪宅。房地产经纪人告诉我们，卖家刚刚改造过这房子，并将价格提高了5万美元。我们到了那里才发现，所谓"改造"只不过是换了两扇窗玻璃。

我很生气，于是出价43万美元，而不是卖家想要的48万美元。那位英国房地产经纪人表示，卖家住在德国，沟通起来比较麻烦。她说："我会尽力的，因为我太喜欢您了。我很希望看到你们夫妻能买下这房子。我能看得出来，您很喜欢这个地方。"她打电话给卖家。5分钟后，她问我们是否愿意付全款，因为身在德国的卖家不太好说话。在房地产交易中，如果一幢房子只有一名房地产经纪人在卖，而且付佣金的是卖家，那往往就会发生这种情况。经纪人表现得事事为你着想，但事实上，他们只是想让自己的收益最大化。

再举个例子，卖家的目标价是100美元，而你只想付80美元。你提出把差价折中，以90美元成交。卖家说，他必须与自己的伴侣或配偶商量一下。第二天，他联系你，说另一半不好说话，他已经尽力说服伴侣了，但伴侣没有让步。然后问你能不能用100美元买下这件东西，别让他们两口子吵架，因为他非常努力地说服伴侣了。在上述例子中，卖家（红脸）代表你跟他的伴侣（白脸）谈判，但他从没有站在你的立场做事。

"红白脸"策略可应用于很多场合。我和梅丽塔周末在教堂做完礼拜后，通常会去南卡罗来纳州的查尔斯顿市吃个早午餐。我是素食主义者，不吃肉类、奶制品或鸡肉，也尽量远离加工食品（我曾经患过前列腺癌，虽然现在痊愈了，但因为担心癌症复发，所以在食物的选择方面一直很谨慎）。某个周末，我们照例去吃早午餐。菜单上除了虾卷外,就只有乳制品、鸡肉和牛肉可选。虽然这家餐厅的菜做得很好,但我已经连续3周吃同一种菜了。我对服务生说,虽然菜单上没有鱼,但可不可以给我们做一道以鱼为原料的菜肴。她问了一下厨房,然后说:"我已经尽力了,我跟厨师说了您的情况,请他们去找条鱼过来,但厨师说还没有准备好。今晚晚些时候,厨师将会推出更多菜式。"

尽管这看起来不像是一场谈判,但服务生想得到小费,所以她表现得像是在尽力说服厨师破例为我们做鱼吃。她和厨师的谈话也许是这样的:"嘿,老唐,你现在想烧鱼吗?不想?好吧,我会告诉顾客的。"如果我真的想吃鱼,就得直接跟厨师谈。

而这正是你在面对"红白脸"场景时所要做的事情,即要求与唱"白脸"的人直接对话。在后面的章节中,我们将探讨如何与谈判对手的上级打交道,并讨论如何在谈判开始前就识别出谁是上级。但就目前而言,我们总结的经验是:永远不要以为"红脸"会站在你这边,如果你确实遇到了"白脸",那就不要通过"红脸"进行交流,而是坚持要与"白脸"直接沟通。

在1979年的伊朗人质危机中,美国人就是这么做的。

吉米·卡特总统在任内未能成功从伊朗人手里解救美国人质，而在里根上任之前，卡特的团队告诉伊朗政府官员，里根是个狠角色，他将派遣美军毁灭德黑兰，杀死所有劫持人质的伊朗人。美国人试图说服伊朗的谈判代表，让他们相信卡特虽然是个好人，但在里根继任总统后对后面的情况可就爱莫能助了。

有意思的是，在我看来，里根其实是在与卡特政府"唱双簧"。他们之所以对伊朗代表说这番话，就是为了暗示他们最好在里根上任之前释放人质。最终，美伊两国达成了妥协。就在里根上任后的第二天，这些人质被全部释放。伊朗方担心的是，如果他们在里根执政期间继续扣押人质，可能会发生一些他们无法控制的事情。

要警惕谈判对手唱"红白脸"。如果有人想帮你，必然是出于某种经济利益，否则的话，他们可能不会站在你这边。我知道，我这样说似乎有点愤世嫉俗，但即便是心理学家，也经常被唱"红脸"的人所展现出的魅力所蒙骗。

★★★　要点小结　★★★

1. 辨别对方是否在唱"红白脸"。

2. 永远不要让"红脸"代表你跟"白脸"谈判。
3. 当你发现谁在唱"红脸"时,就要求直接跟唱"白脸"的人谈。

▶ 准备10
永远不要改变你的报价

当谈判对手使用挤压法、故作震惊法,甚至主动提出价格折中时,千万不要改变你的报价。对手使用这些方法的目的,只是想重新调整谈判起点而已。

我在前文讲述过我第一次在葡萄牙买房的经历。我提到卖家是一对德国夫妇,他们不愿意直接与买家谈判。但是,我没有提到自己犯下的一个错误——改变了最初报价。

房地产经纪人知道我们下午1点要去里斯本。上午9点30分,我们没有接受对方的48万美元的出价,而是报价43万美元。当房地产经纪人给那对德国夫妇打过电话并告诉我们对方希望我们付全款时,我妻子建议:"来都来了,要不我们把价格提高到45万美元吧。"

这是一个巨大的错误。如果房地产经纪人和房主更聪明些，他们就会把45万美元和48万美元的差价折中，报46.5万美元，这与他们想要的价格非常接近。幸运的是，我们敢于退出谈判，主要也是因为德国房主不愿意跟我们直接谈。

要记住，提出报价之后，除非对方还价或让步，否则永远不要改变初始报价。一旦你改变了报价，谈判高手就会利用它作为新的谈判起点，让你在交易中处于下风。

不改变报价的理由有很多。首先，如果你改变报价，就会让对方知道他们可以得到任何想要的东西。如果你还没有还价就如此迅速地让步，其实就是在向对方传达一个信息：为了达成这笔交易，你不惜付出任何代价。这样一来，对方也会觉得你这个人不太可信。如果你提出了报价，然后又无缘无故地改变报价，对方会认为你对自己所报的价格没有信心。

我的一位朋友是房地产经纪人。2021年年初，他曾让购房者打了一场"竞购战"。当时，美国的房地产市场正处于30年来的巅峰期。有人想以210万美元出售自家房子，一位买家听从了我这位缺乏经验的房地产经纪人朋友的馊主意，出价190万美元，而他报价的时间点是在房子挂牌出售的两天后。卖家认为，如果自己拒绝190万美元的报价，让房子在市场上停留的时间长一点，就可以赚更多的钱。事情果然如卖家所料。买家听到这个消息后，立刻将报价提高到了220万美元，比卖家的挂牌价还高出10万美元。夸张的是，这房子根本没有其他竞标者。卖家知道买家迫切想买下房子，于是要求在房子出售后，他们要再回租6个月，以便于在另一个城市挑选新房子。到了这个时候，买家还能做些什么呢？他太快改变报价了，此举已经让其失去了可信度。

遇到这种情况，你要做的就是坚持初始报价。如果对方不让步，你只需要让对方知道一点：你完全理解对方的立场，大不了再看看别家的产品。有时候，房地产经纪人之类的销售人员会利用买家的迫切心理促成交易。他们告诉买家，听说如果买家出价不够高的话，卖家就会生气，所以不要以太低的价格来羞辱卖家。

回应卖家的报价时，你要表现得优雅些。你可以告诉卖家，你很喜欢他们的房子或产品，然后提出报价；你还可以说，如果他们不想接受你的报价，你完全能够理解，但你还是想尝试一下。如果你与卖家建立了某种程度的融洽关系，对方至少会与你交流，并稍微降低价格。如果他们在你的报价基础上还价，那这笔交易就有戏了。

★★★　**要点小结**　★★★

1. 除非是回应对方的报价，否则的话，永远不要更改你的报价。
2. 更改报价会降低你的可信度。

▶ 准备11
警惕蚕食陷阱

回想一下，以前在结束谈判时，你是否觉得自己做了一笔很划算的交易？或者你已经与对方达成了协议，但在最后一刻，对方提出了更多的要求？

假设你是房地产投资人，并与一幢房子的主人就价格达成了一致。你估算过，只要刷下油漆、美化一下院子的景观、铺上新地毯，再把房子转手卖出去，就能赚到大约5万美元。但在交易的最后一刻，卖方反悔了。他们说，他们全家要搬到另一个州去，而搬家费用需要7000美元，他们希望把这笔费用也加入房价中。与5万美元的利润相比，多出的7000美元似乎并没有那么多。

可是，当你刚把利润减少了14%之后，对方可能又会提出别的要求。如果你答应了，他们可能又步步紧逼，直到你完全没有利润为止。

如何才能防止这种情况的发生呢？

答案只有一个：在达成协议后，永远不要再做让步。小孩子最擅长使用这种步步为营的蚕食策略。比如你和孩子们就某件事达成了一致，但在最后一刻，他们会多要一点儿东西。我女儿凯瑟琳16岁时想开我的车出去玩，起初我不同意，但后来我做了让步，提出只要她晚上10点回家、不喝酒而且不允许任何人坐她的车，我就答应她。她同意了我的所有要求，可就在离开家之前，她问我是否可以给她10美元。她采用了步步为营的策略。在借车这件事上，我们展开了激烈的谈判，而与谈判相比，10美元是一个小小的让步，我甚至连想都不想，就爽快地答应了。

不要被这种策略所迷惑。蚕食策略很有诱惑性，因为谈判已经结束，双方都有如释重负的感觉。相比之下，额外要求似乎无足轻重。但是，这种做法何时才能到头？只有在额外要求的成本过高时，对方才会罢休。

以下方法可以阻止对方实行蚕食策略。每当你满足对方的一个要求时，就要求对方做出某种让步作为回报。这样，对方很快就会停止自己的蚕食行为。当他们发现无法免费得到某样东西时，便觉得没必要提更多要求了。

有一次，一家房贷公司想请我去演讲。他们提出，我必须在上午9点和下午5点分别做一次演讲，他们才会支付我的演讲费。这意味着我要花一整天的时间来参加会议，但挣到的只是半天的演讲费。我想着，那就卖客户一个人情吧，于是同意了对方的要求。

我刚同意对方的请求，这个人情就被他们忘得一干二净。会议策划人迟迟未把合同发给我，最后，她说老板要我向观众免费送我的100册新书。这种小要求本来是很容易满足的，因为我想把合同拿回来。但是，如果我真的免费赠书，这笔交易就变味了。如果我满足了这个要求，他们是否还会提其他什么要求？我花了一整天时间在会场，他们却对此视若无睹。

我拒绝了这个要求，并对会议策划人说，我可以向所有来听我演讲的观众赠书，但如果这样的话，我就只能早上演讲1个小时，下午的演讲取消。会议策划人不同意，他们想让我那天做两次演讲，并放弃了让我赠100册书的念头。蚕食行为就此停止了。他们意识到，只要他们提出任何得寸进尺的小要求，我都会提出对等的要求，这对他们来说不划算。最终,他们还是自掏腰包,买我的书然后赠送给了观众。

讽刺的是,那天与会议策划人共进午餐时,她告诉我,谈判结束后再提点额外要求是她经常使用的策略,而且一直都有效,从来没人拒绝过她。

然而,把自己的操纵策略告诉我之后,她仍然想占点儿小便宜。她说,尽管我们在书面合同中明确规定会议举办方负责报销我从纽波特比奇的家到圣地亚哥的车费,但他们还是无法承担这笔费用。我表示理解,但我告诉她,既然如此,那就只能缩短演讲的时间,因为我返程的高速路收费很贵。会议策划人再次放弃了自己的主张。一想到自己在进行着一场不公平的谈判,我就觉得很生气,但她也承认,我是唯一一个反驳过她的演讲者。

不要落入对方的蚕食陷阱中。对方可能会不断地提出一些额外要求,直到你再也无法接受。如果你接受了对方的额外要求,在交易中获取的利润就会减少。不要被谈判的"势头效应"所迷惑。(当你全身心投入到交易里并想努力完成它时,这种势头可能很难停下来。)不要在一笔交易中投入太多情感和精力,以至于你不敢拒绝对方。无论对方向你提出什么额外要求,一定要对方做出某种让步。这样,对方就会立即停止蚕食行为。

★★★ **要点小结** ★★★

1. 当对方出现蚕食行为时,一定要对方给予某种让步。
2. 别指望对方记得你的人情。
3. 当你拒绝对方提出的额外要求时,要有礼貌和同理心。

▶ 准备 12
让对方喜欢和你谈判

遗憾的是,绝大多数人都不喜欢谈判。他们不确定自己是否具备谈判的能力,也没有受过系统的训练。但是,学习过谈判技巧的人却很喜欢运用它们。他们希望参与到谈判当中,促使对方达成某项交易。他们希望对方至少能参与进来。

当买家想要谈判,而卖方拒绝谈判,或者谈判即将完成但其中一方因为自尊受挫而离开谈判桌时,谈判就会变得尤其困难。你不妨回想一下过去的谈判经历——你已经和对方达成了一笔很好的交易,但最终你还是拂袖而去。原因何在?就因为你认为对方的态度轻蔑、不尊重你或不倾听你说话。

有时,只要抓住适当的时机做出一个小小的让步,就可以拯救一笔交易;即使只是一个小小的举动,也能让对方感觉更好,而愿意接受你的条件。不过在零售行业,这个方法未必管用。店员领的是时薪,他们才不在乎你是购买商品还是拂袖而去。他们根本不关心店里赚不赚钱,只关心自己什么时候领薪水、什么时候可以下班。但是,当别人与你展开谈判时,对方会投入大量精力,你所做的让步即使微不足道,也会扭转整个局势。

让买家感觉更好

以下是我的一些想法,它们能让买家感觉更好,在不用花太多钱的情况下拯救一笔交易。它们能让你在打动客户的同时留住客户。

1. 如果你在卖一架昂贵的无人机,那就主动向买家展示无人机的使用方法。

2. 如果你在出售高端打印机,而客户回来找你订购墨盒,那你要主动提出自掏腰包,送给客户一只墨盒。

3. 如果你是eBay卖家,且收到的报价低于你的目标价,那就以一个公平的价格还价,同时提供60天退货服务,而不是普通卖家提供的30天退货服务。

4. 如果你是一名企业教练,有企业向你提出报价,要求第一个月的培训按半价结算。如果你既不想接受这个报价,又不想失去客户,那你可以坚持原价,但向客户提出,如果他们能够立刻签合同,你就把自己的所有教学音频和视频材料(价值699美元)免费送给他们,这会让他们感觉更好些。(事实上我就这样做过。)

5. 对方报出了一个低价,作为回应,你可以提出价格保持不变,保修期从两年延长到三年。

与此同时,你要赞赏对方的谈判意愿,说你有多么喜欢跟他们谈判,并夸赞他们拥有高超的谈判技巧。你还要告诉他们,很少有人愿意谈判,再祝贺他们达成了一笔非常划算的交易。

满足客户的自尊心

自尊心是让谈判取得成功的主要因素。谈判双方都希望交易结果令自己满意,如果某一方摆出唯我独尊的姿态,那么再好的结果也会让另一方感到不满。我在上文提到过，很多高尔夫球手会就第一洞的杆数下注。大家纷纷找各种借口，以增加自己的杆数。有的球手说，他们已经一年没打过球了，还有的球手则报出一个比平时的实际成绩差得多的差点。如果说这些做法还算有趣的话，那有些人吹嘘自己用瞒骗手段战胜其他球手的做法就有点儿过分了。比如这人在第一洞就打出了一记小鸟球①，然后得意扬扬地说："我觉得，我的球技可比演技厉害多了。"从此以后，其他球手要么不再下注，要么在下注时争相提高自己的差点。

几年前，我在犹他州阿尔塔的一家商店买了一双"季末清仓"的滑雪板。店主在出售一些样品，要价500美元，我看它们品相完好，于是还价350美元。最终，我们同意以400美元成交。他做了让步，额外送了我一盒雪蜡。雪蜡最多值20美元，但店主毕竟做出了一个小小的让步，最终促成了这笔交易。

而当我离开时，另一名店员说，如果我再等一个星期，就能以7.5折的价格买到这些滑雪板了。我不知道这

---

① 击球杆数低于标准杆数1杆而结束该洞的成绩被称为"小鸟球"。——编者注

位店员是不是想炫耀他们在与我的较量中占了上风，可一想到我居然接受一盒雪蜡作为让步条件，我就怄气。不过幸好，跟以前买的雪板相比，这笔交易仍然是很划算的。

即使你不想谈判，也要向对方提供一些能缓解双方关系的物品，物品的大小其实无关紧要。我们希望买家能进行谈判，也希望他们在谈判结束时能心满意足地离开。从现在开始，如果一位潜在的买家要求进行交易，你要提前考虑一下自己能做出什么让步，这种让步不用花太多钱，但能让他们感到开心。快乐的客户比几美元的边际成本重要得多，想想客户给你带来的终身价值吧，你觉得"回头客"的生意值多少钱？

我做了30多年的企业教练，之后又做了10年的演讲家和作家，接待过很多的企业客户。但我发现，近50%的客户会在某个时候回来找我，希望我提供更多的辅导服务。辅导结束后，我会告诉客户我非常喜欢和他们共事，并赠送他们一份临别礼物，比如一本新书或其他有意义的物品。我知道，他们有50%的概率会回来找我。

你要以这种方式看待自己的所有客户：衡量生意好坏的标准不是某一次交易的成败，而是一段业务关系能否让你终身受益。

★★★　**要点小结**　★★★

1. 让对方喜欢跟你谈判。
2. 即使你不想谈判,也给对方一个小小的让步,让他们心里感觉舒服些。
3. 称赞对方拥有高超的谈判技巧。
4. 祝贺对方达成了一笔划算的交易。
5. 注重客户的终身价值。

▶ 准备13
没法知道卖方会接受什么样的价格

在每一次谈判中,卖家心中都会有一个成交价以及一个底价,一旦价格低于底价,他们就不会出售产品。每个买家心中也有一个成交价和底价。你的任务就是尽可能地接近你想要的成交价,尤其是在谈判开始之前。

我有3个女儿,卡罗琳是年纪最小的那个,而且性格最固执。为了纠正两个姐姐的错误,我可能会责骂、诱骗甚至吓唬她们。但卡罗琳从小就会审时度势,会将我禁止她做的事与我采取的惩罚措施进行权衡。有一次，我要求她每天晚上都要洗碗，如果她忘记了，我会提醒她说："我叫你去洗碗，已经说过3次了。你再不快点儿进厨房的话，后果会有点严重哦。"

卡罗琳说："会有什么样的后果呢？"

这时候，我必须谨言慎行，因为如果惩罚措施不够严厉的话，她就会接受并承担后果；可如果惩罚太过严厉（比如禁足几天），她母亲就会找我麻烦。卡罗琳正是通过这种方式让我先对惩罚方式做出承诺——换句话说，她会先让我亮出我的底线，然后再跟我谈判。

在谈判方面，孩子们可谓天赋凛然。每当父母要求他们做点儿什么事时，他们通常会说："您打算用什么做交换呢？"而每当他们做错事时，会跟父母协商惩罚方式，这主要是因为他们知道父母想彰显公平，如果惩罚过于严厉，父母往往会感到内疚。和我的孩子一样，你的孩子也能很快发现父母的底线，而且非常善于以你的底线作为谈判的出发点。你要像自己的孩子那样，迅速找到对方的底线，但在这个过程中，你要做到更加温和且得体。

谈判之前了解对方底线的做法有百益而无一害。产品或服务的价值是双方经过协商后得出的结果，但如果你能提前知道这个底线，谈判的过程就会变得更加顺利。例如，你想花1万美元买一辆皮卡，而你知道那辆车的定价是1.5万美元，那么，提前知道对方愿意接受的底价将对你有利，你会知道是否有机会达成更好的协议。

"挡箭牌"

稍后，我们将进一步探讨如何防止对方拿上级做"挡箭牌"，同时又保住自己的"挡箭牌"。假设你是买家，你可以告诉卖家，在你做决定之前想跟你的伴侣商量一下。但是，如果卖家也想和另一个人商量时，你要问清楚他的"挡箭牌"给了哪些意见。例如，你可以用"挡箭牌"的名义来确定卖家愿意接受什么价格："我打算给我妻子买点儿东西。她想要一台扫地机器人，但我不确定该买哪种。这台扫地机器人的最低价是多少？我先把价格告诉她，征求下她的意见。"在这种情况下，你并不是真正地在谈判，而是让对方设定最低的初始价格，等你下次回来找他时，就可以从这个初始价开始谈判了。

扮演犹豫的买家角色

要设定一个比较低的初始价格，其中一个方法就是扮演犹豫的买家。比如，你可以对卖家说："这不是我想要的。但如果我选择了你的服务，你能给的最低价是多少？"

此时，你也可以使用"拂袖而去"的策略。这个策略会告诉卖家，你该说的都已经说了，如果谈判没有进展，你就会立刻走出大门。你也可以用此策略迫使卖家说出他们的底价。你可以直接问对方："你愿意接受的最低价是多少？"然后，你可以礼貌地告知他们报价太高了，但你很感激他们花时间介绍产品。然后，你走出大门，又突然走进来，非常礼貌地说："我真的很喜欢那款产品，你能想办法再打个折吗？"如果他们拒绝打折，你可以跟他们协商额外的费用，并最终达成更低的价格。不过，既然对方愿意让你走出大门，你至少已经知道他们的底线在哪里了。

你可以用这些策略来促使对方开价。而如果你是卖家的话，就要有所戒备。假如买家说他要跟另一个人商量价格，你就要提出亲自跟决策者谈判，而不是通过中间人传话。如果买家表现得不情愿，说他们不喜欢你的产品，还说这款产品如何不适合他们，那你就问他们到底想找什么样的产品。如果他们回答了你的问题，也许你有另一款产品能更好地满足他们的需求，而你也可以重新跟对方开始讨价还价。

在我演讲结束后签名售书时，观众常常会问我："我有一位朋友是会议策划人。我很想把您介绍给她，您有名片吗？您做一次演讲的费用是多少呢？"在这种情况下，无论如何回答都对我没什么好处：因为我要么把我的演讲费标准告诉对方，要么拒绝透露费用，而后者可能会让我错失潜在的机会。其实，更合理的做法是与活动策划方直接进行谈判，而不是与中间人谈价格。所以，我通常会说："这取决于什么样的活动。如果您能把您朋友的姓名和联系方式告诉我，我会给她打个电话，多了解一些她的目标。"

所有这些知识都来自我在过去的谈判中常犯的错误。以前，我会把自己的演讲费标准告知中间人，过段时间，中间人回来找我，说他们已经跟老板汇报过了，但老板说费用太高，问我是否可以打个7.5折。我同意了。不久，中间人又回来找我，要求我再降1折的费用，而且要我自己承担机票费用。这跟"红白脸"的场景如出一辙。我犯了谈判中的一个大忌，那就是和一个没有决策权但却试图让我开价的人谈判了。只有与决策者谈判，我才能指望对方能做出更多让步。

多年前，在一次首饰节上，我的网球搭档和他的妻子在那里摆摊，我也去凑了凑热闹。他妻子卖的项链很漂亮，大部分项链的价格都在50到100美元之间。很多人在她摊位前驻足观看，还有些人直接花钱买了下来。一名买家对我朋友的妻子说："这条项链很漂亮。我有个朋友肯定很喜欢它，但她手里没多少钱，请问它的最低价是多少？"

和很多创业者一样，我朋友的妻子可能想不惜血本把它卖掉。这时候，我插嘴说道："何不让您的朋友过来或直接打个电话咨询呢？"然后我说："您可以用手机拍张照片发给她。这样，她们就可以直接讨论价格了。"我想，这番话会令我朋友的妻子感到震惊，便告诉她，这位中间人正在用一种计策来让她开价，然后真正的买家就会想方设法迫使她打折。

★★★　要点小结　★★★

1. 从一开始就要求对方说出他们能接受的最低价格。
2. 不要跟那些没有决策权的人谈判。
3. 要求跟那些有决策权的人直接谈判。

第 2 章

实战:最简单的谈判 13 招

在谈判前，有些准备看似非常简单，却能发挥重要的作用。这些常识性观念能帮你每次完成一笔好的交易。

但在任何谈判中，机会都属于准备最充分的一方。你总不可能一边谈判一边研读本书吧？因此，你首先要研究这些技巧，然后尽快付诸实践，唯有如此，它们才会留在你的脑海里，并助你的下一次谈判更加成功。下面，我们来学习一下实战中最简单也是最常用的13个谈判招式。

▶ 招式1
充分利用对方的第一次报价

我们已经知道,永远不要率先报价这点很重要。让对方先把需求告诉你,然后,你可以运用夹心法、故作震惊法以及扮演犹豫的买家角色等方式,以获取对方的更多让步。最近,我问打理我家院子的园丁种一块新的草皮要多少钱。他说要2600美元,我问他1800美元行不行。可以预见,用夹心法进行谈判之后,我们以2200美元成交了。如果我把预算告诉他,或者没有叫他先出价,我们就不会达成这个价格。

有时候,你会不由自主地以标牌价或公开的价格作为议价基础。例如,酒店房间的挂牌价是每晚150美元。如果你对大堂经理说:"我知道你的挂牌价是150美元,我今晚就住的话,100美元可以吗?"这种谈判方式是错误的。大堂经理可能会同意你开的价格,而你可能会后悔没有把报价再压低些;又或者对方还价125美元,你会觉得这价格很有吸引力,于是接受了。

不要以为挂牌价是没有任何商谈余地的。你可以问大堂经理:"今晚客房的最低价格是多少?"举个例子,酒店客房公开的挂牌价远高于他们可以接受的价格，这一点早已众所周知。你最好忽略酒店公布的挂牌价，直接询问他们折扣价是多少，然后以这个价格作为谈判的基础。

酒店客房和高尔夫球场等都有其使用期限。如果没有客人使用的话，它们就会变得毫无价值。如果酒店的房间没人住，酒店就赚不到钱；如果飞机上的座位没人坐，航空公司也赚不到钱。对于有使用期限的产品或服务来讲，有收入总比没有收入好。

葡萄牙阿尔加维地区有一个名叫卡沃埃罗的小镇，我们每隔3个月就会去那里住上1个月。那里有一间民宿非常受欢迎，几乎全年都有人去住。有一天中午，我们结束住宿后准备离开，其他租客将于下午3点到达。可问题出现了，我们从里斯本飞往美国的航班要到次日才起飞。

于是，我们去了当地最漂亮的酒店——蒂沃利酒店（Tivoli）。那是一家五星级酒店，海景房的价格非常贵，但只有在夏天才会客满。

我来到酒店前台，问大堂经理当晚客房的最低价是多少。经理报出了200美元的挂牌价。我说："谢谢，但您能给我们的最低房价是多少？"他立即报出120美元的折扣价,称这是破例给当地居民的优惠价(让我感到惊讶的是,每当卖家降价时,他们总说这是"破例的"优惠,或"从来没有给过的"优惠)。我还价说:"100美元吧,我们就住1晚,可以吗?"

他说:"我给不到这么低的价格,但我可以帮您安排一个海景房,房价是110美元,您能接受吗?"

我拒绝了酒店给出的挂牌价,并要求对方给出他们能接受的最低价。最终,酒店给了我90美元的折扣,并升级到了一个可以看海景的房间。

这就是让对方先报价的好处。以对方的报价作为谈判的基础,往往能产生更理想的结果。有时候,第一次报价甚至与钱无关,而是与便利性有关。有一次,我和我弟弟凯文在夏威夷大岛西岸的科纳附近打高尔夫球。我们在中午到达球场,打算先吃完午餐再到球场练球。我们在12点之前到达球场的出发台签到。凯文总喜欢跟别人讨价还价,他问出发台管理员:"我们能早点开球吗?"

管理员知道,若营业时间段内没有人使用球场,那这个时间段就是毫无价值的,于是他回答道:"当然,你随时可以开球。"

尽管费用没有减少,但我们节省了不少时间,打完球可以早点回家。

出发台的管理员也许会要求我们多交点钱,因为我们是在一个更早的、价格更高的时间段内打球。如果是这样的话,我们就会与他展开谈判,争取能拿到最合理的价格。

不要害怕让对方先报价,但也要确保他们的报价是最低的。

★★★ 要点小结 ★★★

1. 让对方先报价。
2. 从一开始就问对方的底价是多少。
3. 愿意接受除金钱以外的其他报价。

▶ 招式 2
警惕服务价值下降

有一种现象常常让我感到惊讶:人们非常迫切地想购

买某种服务，而一旦得到这种服务以后，又会觉得它一文不值了。15年前，我在新奥尔良市的一次注册会计师大会上做主题演讲。一名注册会计师告诉我，他为一位客户节省了12万美元的税，然后向客户开出1万美元的服务费账单。那位客户写了一封言辞尖锐的信称其收费过高，认为账单金额应该更低。当政府要那位客户缴纳12万美元的税款时，他极度恐慌；可当注册会计师让他付账单时，他却觉得人家的专业知识不值钱。

我时不时地会为非营利组织免费演讲。但我每次都要求它们至少承担我的机票费、酒店住宿费和地面交通费用。

在我的职业生涯初期，我就想清楚了一个道理：如果我的演讲不收费，那大会组织者就会把我当作免费演讲者那样对待。有一次，我为美国"全国固定年金协会"（National Association of Fixed Annuities）做了1个小时的演讲。年金协会的200多名高管出席了会议，并起立为我鼓掌。那次会议在华盛顿特区举行，我的大女儿斯泰西当时是美国国会议员的幕僚长，她就住在会场附近。看到她来听我的演讲，作为父亲的我感到非常高兴。

然而，3个月过去了，年金协会仍未报销我的机票费和出租车费。我打电话给一个名叫金的协会执行官，问她为何迟迟不付款。她说，董事会的一些成员认为我只是在去探望女儿的时候顺便做了一次演讲，他们不想为我这趟旅途买单。这就是服务价值下降的典型案例。

房地产经纪人告诉我，卖家通常很乐意支付5%的佣金，其中2.5%给买家经纪人，2.5%给卖家经纪人。这笔费用是房地产经纪人应得的。他们帮房主翻新房子，有时候还要找建筑承包商来粉刷和改造房子，甚至可能要花时间亲自打扫。如果你把他们的谈判技巧也计算在内的话，那他们所收取的佣金是非常合理的。然而，在房子被卖掉之后，卖家却经常抱怨房地产经纪人收取的5%费用过高了。

最近，一位按摩理疗师告诉我，他给一位病人治好了严重的颈椎病。在通常情况下，他要收取每小时60美元的治疗费用，但在这位病人身上，他多花了30分钟时间，于是向对方收取90美元。按摩结束后，病人质疑他多收了钱。

当人们提供额外服务时，服务的价值往往会下降。他们把额外服务当作人情送给客户，甚至牺牲自己的利益来帮助客户。虽然这些服务看似贴心，但往往得不到客户的感激。要解决这个问题，你就必须在提供额外服务之前要求对方给予某种让步。例如，你可以问对方："如果我把园林设计师组织起来,您能把我推荐给您的邻居吗?"或者说:"如果我能提前一周送家具过来,您能用现金给送货的工人付款吗?"又或者说:"如果我们能让美国国家税务局减少税额,您能把付款周期从30天缩短到7天吗?"

尽管提供额外服务是很自然的事情,但客户也必须懂得感恩。在通常情况下,我可以确定什么样的客户会得了便宜还卖乖,这种人很可能会得寸进尺,让我做出更多让步。总而言之,你不要认为自己多做了一些事情,客户以后就会报答你。

大部分咨询顾问刚入行时,给客户提供的服务都会超出他们所收取的费用;而经验较丰富的顾问知道,咨询费必须事先协商好,因为他们提供的任何额外服务都将很快被客户遗忘。

在与买家商谈服务费用时,你要做好心理准备,对方将来可能会认为你的服务价值会下降。你要提前把一切都谈好,别指望买家以后会做出无偿的让步。2021年2月,我卖掉了位于加州奥兰治县的房子,售价比标价高出了13万美元,而且是挂牌不到3天卖出去的。帮我卖房子的房地产经纪人是一位谈判高手(30年前我就是从他手里买的这幢房子)。买家想要我降价3万美元,用于修缮房屋和购买其他物品。最终我们都做了让步，我降价1万美元，他把房子租给我2个月。买家要求我支付5000美元作为保证金，但被我和经纪人拒绝了。通过这件事，我的房地产经纪人给我留下了深刻印象，所以我额外给了他1万美元佣金。他说，在他从事房地产行业的40年里，客户给他的佣金从来没超过事先商量好的数额，只有我是例外。一般情况下，客户很少会重视你额外付出的努力。

这就好像水管工在5分钟内修好了一根漏水的管道，并向房主收取180美元，而房主气汹汹地说："我是一名外科医生，即使是我，也不会为5分钟就能完成的工作收取180美元！"水管工说："真有意思，我也做过外科医生，那时候我也不会为5分钟的手术只收180美元。"

★★★　要点小结　★★★

1. 无论你为客户提供何种服务，在买家眼里，这种服务的价值随后都会下降。
2. 在提供任何额外的服务或产品之前，要与买家提前协商好报酬。
3. 永远不要指望对方在没有谈判的情况下做出让步。

▶ 招式 3
大智若愚

还记得20世纪70年代风靡一时的侦探剧《神探可伦坡》(Columbo)吗？主角可伦坡由彼得·福尔克(Peter Falk)扮演，他似乎总是不明白嫌疑人在说什么，表现出一副傻里傻气的样子。他常常刚走出审讯室的大门，就马上折回来对嫌疑人说："先让我把这件事理一下……"然后，他会问嫌疑人一个问题，并从对方的答案中找到蛛丝马迹，最终成功破解案件。

如果你想成为一名谈判高手，就永远不要以先入为主的观念看待对方所说的内容，而应仔细地弄清楚对方的真实想法。

我的一位朋友打算重新装修家里的浴室，于是找了家装修公司，后者报价1.2万美元，双方开始协商完工日期和装修材料。他以为，双方商定的是固定设施的价格，但实际上，装修公司预算的价格只包含质量较差的产品。到了装修阶段，我的朋友像可伦坡那样问监工："你肯定会给我安装科勒品牌的卫浴产品，对吧？"监工说，如果要科勒牌的，那就得加钱。我的朋友装出很震惊的样子，不过装修公司最终还是让步了。你所听到的东西可能不是对方所说的东西。在任何谈判中，必须把你的需求明确表达出来，然后双方达成一致，这点至关重要。

重述和阐明要点

在谈判中，人们最容易犯的错误之一就是主观判断。我们往往会臆测，卖家肯定会按时交货，否则，延迟交货所产生的额外费用要由对方承担。我们臆断付款条件有利于自己，臆断对方会报销头等舱票价和地面交通费用，臆断开工日期就在未来几天。我们应该从一开始就放弃所有这些自以为是的想法。为此，最好的办法就是重述和阐明要点。重述要点时，你可以这样说："先让我把这件事理一下。"而阐明要点时，你可以说："如果我没理解错的话，你想要X。我说的对吗？或者还有别的东西吗？"

我曾臆断自己的差旅费。有一次，我自己开车去参加演讲活动，活动主办方却没有为我报销车费。由于我事先没有与之协商从机场到酒店路段的地面交通费用，所以，出租车费这笔额外支出只能由我自己承担。此外，我没有与主办方提前协商演讲期间安排签名售书的事情，导致损失了数千美元音视频产品的销售额。由于我没有与活动主办方提前协商我演讲录音的版权事宜，主办方打算向所有观众免费提供我的音视频产品。协议签署后，我才试图与对方协商上述费用，他们对此感到很不满。

正所谓"大智若愚"。我们往往热衷于帮助有很多疑问的人，也往往不会利用那些要求理清各项细节的人；我们在谈判时应有条不紊。那些充满自信、仓促行事的谈判者往往会犯下大错。

2021年夏天，我搬到了南卡罗来纳州的丹尼尔岛。8月，我的家人来探望我。我们需要一张特大号的床垫。在商店里，我们发现了一张加州产的大床，睡起来特别舒适。在谈定价格之前，我问了我能想到的所有问题，比如：床垫是和床架一起出售的吗？床垫如何防止污渍？它需要多久翻转一次，以免出现鼓包？床垫上面是否要垫东西？多久才能交货？送货费用是多少？

我这辈子买过很多张床垫，深知什么样的床垫最适合我。但是，当我向店员提出这些问题时，对方就一股脑儿地把所有的额外优惠全部赠送给了我。例如，送货是免费的、价格包含床架、交货时间比平时短一半等等。经过这番答疑解惑，双方最终谈定的价格比我们预期的最低价还便宜了30%。如果我一开始就表现得很自信，并迅速下单购买，那这一切就不会发生。然而，由于我花了点儿时间去提问，并装作对床垫一无所知的样子，才得以完成一笔超乎预期的交易。

★★★　**要点小结**　★★★

1. 要弄清交易的每一个细节。
2. 永远不要臆断谈判对手。
3. 重述和阐明每一个要点。

▶ 招式 4
订立和审阅书面协议

在谈判快结束时，若双方打算签订书面协议，你一定要审阅协议上的每一个字，因为协议当中的某些条款可能会有利于对方。

口头谈判的内容只是协议的一部分，书面协议通常包含对方在口头讨论中没有提及的更多细节。双方在达成口头协议后，你最好写一份简短的备忘录，这样，你和对方都能看到双方就哪些事项达成了一致，而且协议内容也可以变得简单明了。

最近，我为盐湖城的一个团体发表演讲，并同意降低我的演讲费。作为让步，他们同意购买我出版的书并赠送给现场的全体观众。但当我仔细阅读协议时，却看到了一项条款，上面称我的任何教材都要通过他们会展上的书店出售，并收取25%的佣金。我的演讲收入大部分来自书籍、视频和CD材料。如果客户提前告诉我，他们不允许我卖这些产品，那么我通常会增加演讲费用。假如我没有注意到协议中的条款已经发生变更，那么我在此次活动中的收入就可能会减少。

现在，每当我审阅协议时，一看到有变更的地方，就会下意识地认为它将对对方有利。如果你能带着这种假设去审阅协议，心理准备就会更充分一些。记住，审阅协议之前，你要假定任何协议都是对你不利的。

国与国之间在进行谈判时，书面协议的内容相比于口头协议会发生大幅度的变更。20世纪70年代，在时任美国总统吉米·卡特的斡旋之下，以色列的梅纳赫姆·贝金（Menachem Begin）政府与当时的埃及总统安瓦尔·萨达特（Anwar Sadat）谈判，并达成了一项协议，即所谓《戴维营协议》(Camp David Accords)。贝金非常自豪，他对妻子说他创造了历史。但埃及方在书面协议中做了较大改动，对以色列非常不利。

注意协议内容的变更

每当协议内容发生变更时，你必须沉下心来看完整份协议。你的注意力也许会放在变更的内容上，因为这比看完整份协议要容易得多，但是，你需要审阅的恰恰是整份协议。我卖房子的时候就重看了一遍协议，虽然我之前已经看过了好几次。不过这一次我发现，买家现在想把第三方托管资金的期限延长到60天。我差点就没看到变更内容以外的条款，甚至连我的房地产经纪人也没看到那部分内容。

你很可能会让自己的谈判代表（比如房地产经纪人）去看协议中变更的内容，毕竟他们每天都与这些协议打交道。即便你没有这方面的经验，但仍要每次都审阅协议内容。这是一项很乏味却又很必要的工作。没错，如果你的房地产经纪人或律师犯了错，你可以起诉他们失职。但这并不能保证你能打赢官司，你可能要花上数年的时间和大量的金钱才能胜诉。在电子签名软件DocuSign大行其道的时代，我们再也不用打印纸质文档了，只需在线浏览协议，就可以与他人讨论协议的内容。

2019年，我在葡萄牙的阿尔加维地区买了一幢房子。在葡萄牙，所有房产交易都要委托律师来完成。在我和房地产经纪人达成口头协议后，我的律师拟好了书面协议，让我过目并签字。然而，协议是用葡萄牙语写的。我会说一些简单的旅游时用的葡萄牙语，但也仅此而已。我必须把这份20页协议中的每一个单词都翻译出来。我花了数周时间研究协议，并多次打电话给我的律师。卖家是英国人，我的葡萄牙律师能说流利的英语，这对我的帮助很大。但是，如果交易过程中有我没注意到的猫腻的话，那我就损失惨重了。想象一下，在另一个国家起诉一个人将是件多么困难的事情！

如今，在达成任何口头协议之后，我都会向对方发一份书面通知。如果我去修电脑，在与维修人员达成交易后，我会发一封与我们谈话内容相关的电子邮件；如果我去修车，修理工说要换机油，并给我报了价，我就会给他发一封电子邮件，以确认价格和机油种类，甚至是修理和完工日期。如果你觉得这种做法太过了，那不妨想想：倘若双方对协议内容产生误解，你要付出多大的代价？

主动提出由你编写书面协议

如果你真的想避免任何意外，那就亲自编写书面协议，把谈判内容记录下来。每当我应邀去演讲的时候，我会给客户提供一份标准化协议，里面罗列了最基本的事项，包括酒店信息、演讲日期和时长、演讲费用、机票和地面交通费用。如果客户更改了任何内容，我就会立即把它标注出来。然后，我可以回去找客户，要求对方做进一步的让步。有时候，客户会在协议中要求把我的演讲录制成视频，所以我必须找他们协商加价的问题。有时候，客户会更改协议约定好的演讲时长，更改后的时长比此前口头商定的要久。于是，我把变更的时间标记出来，并要求对方给予某种让步。

一定要把协议写下来，若协议内容发生任何变更，务必把协议全部审阅一遍。

★★★　**要点小结**　★★★

1. 主动提出由你编写书面协议。
2. 每次都要把整份协议审阅一遍。

3. 当对方回签协议时，要预计会出现令你意想不到的变更。

▶ 招式5
逐渐缩小让步幅度

最大的让步往往是在谈判结束时做出的，尤其在面临时间压力的情况下。2017年3月，保守的众议院"自由党团"企图废除奥巴马医改法案，并从众议院议长保罗·瑞安（Paul Ryan）和特朗普政府那里获得了最大的让步，但此时距离审议法案没几天时间了。废除法案的提议没有获得通过，因为"自由党团"试图扮演犹豫的买家角色，到处都想占小便宜。已故的亚利桑那州参议员约翰·麦凯恩（John McCain）当时投出了决定性的一票，反对"自由党团"的要求。

正如我们在本书中多次讨论过的那样，达成更理想交易的方法有很多。例如，故作震惊法，扮演犹豫的买家或卖家角色，以及夹心法，等等。有些交易耗费时间太长，随着你做出的让步越多，价值会变得越来越低。所以你要让对方知道，任何进一步的谈判都不会为他带来更多好处，这点很重要。为此，你在谈判过程中所做的让步必须越来越小。以这种方式迫使对方做出决定的招式被称为"逐渐减小让步幅度"。如果对方提出一个要求，你所做的让步幅度不能大于上一次让步。如果你采用夹心法，则下一次让步要非常接近上一次让步。减小让步幅度的优势在于，对方会意识到继续谈下去对他没什么好处。这个方法能缩短谈判的时间，使双方尽快得出结果。

举个例子，你想买一幢房子，你的心理价位和卖家的报价相差5万美元。卖家想以60万美元出售这幢房子，你使用夹心法，出价50万美元，希望最终以55万美元买下它。卖家起初不太情愿，还价57.5万美元。你把价格提到54万美元，卖家再次让步，降到56万美元，但这跟你的目标价55万美元仍有差距。你不希望双方没完没了地还价，想给卖家施加一些压力，于是你还价54.5万美元，只比上次让步稍微高一点儿。这一举动向卖家表明，他最好能做出更大的让步，否则谈判将就此结束，因为你已经没有太多的涨价空间了。

再举个例子，你想买一辆二手车，卖家把车的售价从4万美元降到了3.5万美元，而你想以2万美元拿下。你可以把价格提高到2.2万美元，以防对方采用夹心法提出以折中价成交。但是，这也标志着谈判的结束。如果交易条件不理想，你要做好退出谈判的心理准备。

我的一位网球球友是建筑承包商，他给我讲了一个故事。有人想改造自家厨房，找到了他。他出价5万美元，但房主的目标价是4万美元。后来，他把价格降到了4.5万美元，对方又降到4.2万美元。但他没有采用夹心法，而是减小让步幅度，说他将亲自监督这个项目。其实他已打定主意，无论提不提这个条件，反正他都要亲自监工。但这至少能让房主知道，他的价格已经没有让步空间了。

"逐渐减小让步幅度"这一招只意味着价格部分的谈判已经结束，也许我们可以继续协商能让双方都接受的其他条件。那位建筑承包商不再继续降价，而是提供了另一种让步方式。你也可以和他一样，在另一个方面做出让步。

我的一家客户要求我将演讲费降低25%，我则要求客户报销我的机票费用。这家客户的立场特别坚定，提出降低20%的演讲费，并给我报销航空差旅费用。我不想在费用方面继续做出让步了，于是和他们谈其他条件。我问他们："你们计划在我演讲的前一天晚上办鸡尾酒会吗？"他们说是的。我说："我的客户觉得主题演讲者在演讲前一晚来参加聚会是非常重要的。这样做对你们有好处吗？"他们说有好处，我马上回应说："很好！那我也参加你们的酒会吧，不收取任何费用。"他们同意了，于是我们把这个项目定了下来。

通常情况下，我会在演讲前一天的晚上6点到9点之间抵达目的地城市，因为航班变更难以预测，我想在演讲活动开始前好好休息一下。对我来说，坐早一点的航班是件很容易的事情，晚上6点我就可以到客户那里。但客户知道，费用方面已经没什么好谈的了。如果他们不让我参加鸡尾酒会，却还要求我降低演讲费，那我肯定会拂袖而去。

在专业演讲行业中，从业人员普遍有一种心态，即演讲费用是不能讨价还价的。他们认为，如果别人听说你的演讲费用低于公开价格，那你的信誉就会降低。我不赞同这种看法，因为总有一些演讲者的收费比我低；此外，演讲费用只是我们总收入的一部分而已，音视频和其他产品的销售额也属于我们的收入，这还不包括企业培训活动以及被客户推荐给其他团体产生的潜在收入。我看重的是演讲活动的全部收益，而不仅仅是演讲费。绝大多数演讲者只注重演讲费，而不考虑其他。

此外,我喜欢谈判,更喜欢运用这些谈判技巧和技能。当演讲结束后有观众问我是否愿意以低于5折的价格把书或音视频资料卖给他时,我会觉得这是件很有趣的事。我没有像绝大多数演讲者那样拒绝对方的要求,而是使用夹心法,要求对方给予让步。我在这个过程中玩得很开心。

如果观众排队等待购书,听说某个人能以5折价格买到我的书,可能所有人都会要求我给他们同样的价格。为了避免发生这种情况,我会请那些想5折购书的观众晚些再来找我,这样我就可以私下和他们谈折扣的事情。但即使到了那时候,如果他们不做出某种让步,我也不会给他们打折。

如果你想结束谈判,就要准备减小给对方的让步幅度。你要向对方发出信号,让他们知道应该接受你的提议,否则你就退出谈判。当然,迫使对方做出决定后,可能会产生两种截然相反的结果。他们可能接受,也可能拒绝,但至少这场谈判结束了。

★★★ **要点小结** ★★★

1. 逐渐减小让步幅度,以向对方表明谈判到此为止。

2. 在另一个有价值的方面做出让步,而不是纠结于降价。
3. 凡事皆可谈,摆脱传统观念的束缚,享受谈判的过程,玩得开心。

▶ 招式6
声东击西

你是否想跟别人谈判,但不确定自己有多少闪转腾挪的空间?你是否想过以最低的价格购买一件物品,但却没做好谈判破裂的准备?你是否很想要那件物品,想不惜一切代价得到它,但仍希望以最低的价格成交?

解决这些问题的方法也许就是声东击西法,即与谈判对手商谈一件你并不打算购买的物品。借助这招,你可以发现对方的让步空间有多大。你要做的事情很简单,就是与对方协商最好的交易条件,然后在达成交易之前退出谈判。经过这么一折腾,你就能知道对方愿意做出多大的让步,同时也能表明对于你真正想购买的物品,他们会做出多大的让步。

假设你想买一张名牌的特大号床,床的标价是2000美元。你让店长先报价，并问他可以给的最低价是多少。他报1750美元，你还价1500美元，你们双方都采用夹心法，取折中价1625美元。现在你知道了，你没费多大力气，店长就愿意把床按零售价的约8折卖给你。但同时你也知道店长愿意做出更多让步。店长是否愿意赠送一个弹簧床垫？能再赠送一套金属床架吗？他愿意延长保修期吗？能否7天内免费送货？如果床带电动起背功能，你甚至可以问店长是否还能赠送遥控器。店长接受了除遥控器以外的所有额外要求。现在你知道了，他能做出的让步包括零售价8折和额外赠送很多东西。

但反转来了。你和店长对一张你不想要的床谈判了很久，结果你却说："说到底，我不确定这张床是否适合我。角落里那张加州特大号床呢？我试过，似乎更适合我一些。"你想买的那张床很有可能也有8折的优惠，并且店长可能也会免费给你提供很多额外优惠。

如果店长不想以8折的价格把加州特大号床卖给你呢？由于货源紧张，他只能打9折。你淡淡地回答道："真是太可惜了，因为另外一张床你给我打了8折。"这样一来，店长很难不给你8折了，因为在你使用声东击西法的时候他已经主动报过价了。

最近，我在南卡罗来纳州丹尼尔岛的俱乐部买了一只新的"威尔胜"Clash系列网球拍。我问卖家Clash系列巡回赛版的网球拍多少钱。但实际上，我并不想买那只。店长说："175美元，但你是网球俱乐部的会员，我给你打7.5折。"

我说："要不6.5折吧，怎么样？"

店长当场同意了，甚至主动提出送我一套新的球拍线，价值30美元。但是，我真正想买的是Clash系列的常规版球拍，因为它更流行。于是我对店长说："我想了想，巡回赛版的球拍的框大了些，不太适合我打比赛。那只常规版球拍也给我同样的折扣，可以吗？"

他说："这种球拍我们只有几个了，我不确定是否能给你同样的折扣。"

"我明白了，"我说，"我真的很想要那只球拍，我想我还是在网上买吧。"

他立马同意给我6.5折。我采用了声东击西的方法，与对方谈一只我不想要的球拍价格，并最终带着自己真正想要的那只球拍离开了商店。

势头效应能让声东击西法产生良好的效果。人们在谈判时，往往想朝着成交的方向努力。他们常常认为，即使利润低一些，也比无法成交好。如果我与那名店长一开始就谈常规版球拍的价格，店长会拒绝我，说这款产品供不应求，只要有货，可能很快就销售一空。但是，我先诱使他和我谈一只他真正想卖掉的球拍，从中不仅发现了这笔交易还有很大的议价空间，还发现他会做出哪些让步。谈判的势头效应还促使他把同样的折扣延伸到另一款价格更高的网球拍上。

2015年，我买了一辆二手的保时捷卡宴S的SUV，这辆车只被使用过6个月。价格是谈判的重点，经销商以低于标价约20%的价格将它卖给了我。因为我刚报出我的价格，他就立刻接受了。我本可以花更少的钱买到这辆车，结果报价太草率了。我打算采用夹心法，但没想到对方这么快就接受了我的报价，因此我永远不知道这辆车的价格能低到什么程度。

真正有意思的是我在买车之前采用声东击西法与经销商周旋的过程。当时停车场里还有另一台卡宴，使用时间有1年左右，比我想买的卡宴S车型稍微便宜些。我的出价比标价低25%，经销商说，优惠幅度不能低于标价的20%。我还询问对方能否延长保修期，他同意了。我要求在车头贴一层特殊的保护膜，以防止车漆有坑或者被虫子腐蚀，他也同意了。

但是，我随后就放弃了那款车，并对经销商说卡宴S的动力更强劲，而且我尤其喜欢它的双涡轮增压发动机。我的出价比标价低了约20%，经销商同意了。然后，我问他是否还能给我与另外那台车相同的额外优惠，他也同意了。我把自己的底价和让步条件完全透露给了对方，因为经销商没有还价，而是直接接受了我的报价。我应该要求他降价25%，而不是20%，这样就能发现他的底价是多少。不过我也很快就发现了他依旧有议价的空间。这并未让我陷入被动的境地，因为我也做好了一走了之的准备。

在重大谈判中，你要使用声东击西法。在定制房屋或定制私人派对汽车和游艇时，这种方法可能不管用。但如果卖家的商品很多，那就与之商谈一件你不想要的物品的价格，从而找到你想购买的那件物品的底价。你没有义务达成这笔交易，但知道对方的底线以后，你就会对自己能达成什么样的交易充满信心。

★★★　**要点小结**　★★★

1. 与对方商谈一件你不想买的物品，从而发现你想买的那件物品的底价。
2. 即使你所购买的物品比假装要买的东西更贵,但上一次谈判形成的势头效应也会有助于你以较优惠的条件买到你想要的物品。
3. 由于你放弃了声东击西的对象,卖家知道你可能也会放弃你真正想要的物品。最终,也许你能以同等或更好的优惠条件买到心仪的物品。

▶ 招式7
打一场压力战

你的谈判似乎要拖延下去了?你希望它进展得更快吗?此时,你可以借助两种压力来迫使对方更快地做出决定,其中一种是时间压力,另一种则是竞争压力。

我们前面探讨过,你可以通过减少让步幅度来缩短谈判的进程。随着我们朝着对方想要的方向缓慢前进,对方会感觉谈判几乎没有太多回旋的余地了。不过,你还可以使用其他招式加快交易进程。

尽管我不喜欢通过向对方施压来促使其做决定,但我想知道他们承受着怎样的压力。与此同时，我想尽量减轻对方对我施加的压力。目前，时间压力和竞争压力是最常见的两种。我们来一一了解下。

时间压力

当谈判的一方面临时间压力时，他们往往会失去动力，做出更多让步。我经常与汽车经销商聊天。有时候，他们的销售指标是按季度计算的，但每到月底，他们的压力仍然很大。如果你在某个月的第一周与汽车经销商谈价格，就不大可能得到在月底那样的优惠价。

如果你今天急需买车，那么你就会失去很多选择，并且要做出让步。你要发现对方的最后期限，但永远不要把你的最后期限透露给对方，这个方法屡试不爽。在谈判刚开始时，我经常会问对方需要何时做出决定。我知道，如果对方时间紧迫的话，我获得他让步的机会就更大。

人们通常会坦率地谈论自身的弱点和焦虑。如果你问某个人，他的最后期限是什么时候，对方通常会说"上周"或"本周五之前"。但是，每当有人问我的最后期限时，我总是说我没有最后期限。即使你有最后期限，也永远不要告诉对方，而要说："我一点儿都不着急。"

人们很容易认为自己在谈判中属于实力较弱的一方，然而，事实可能并非如此。你不知道一桩交易是否还存在其他买家，对方可能承受着时间压力，要与你完成交易；你也不知道他在等待与某人完成一笔更好的交易时要付出多大的代价。你根本不知道对方的焦虑程度，千万不要以为你的压力比他更大。

当谈判陷入僵局时，向对方施加时间压力的一种方法就是看一眼自己的手表，然后说："我得走了，我马上有个约会，不能继续把时间花在这上面了。"对方可能会再报出一个价格，让你多留几分钟。如果对方不留你，你要做好离开的准备，但你可以稍后回来找他，接受你离开之前他给你报的价格。引入时间压力永远是让谈判重新开始或加速的一个好方法。

直接询问也是了解对方是否存在时间压力的一个妙招，他一般会告诉你实情。你可以在谈判开始时巧妙地询问对方："咱们的时间充裕吗？"对方通常会说"我的时间很充裕"，或者，"我1个小时后要去开会，但在开会之前，我有时间和你谈"。这样，你就能巧妙地发现对方的时间压力有多大了。请注意，最大的让步往往是在谈判的最后10分钟内做出的。

我的女儿斯泰西做过两位美国国会议员的幕僚长,还担任过弗吉尼亚州州长的新闻秘书。直到不久前,斯泰西还是华盛顿特区一家大公司的政府说客。现在,她在犹他州一家滑雪场公司担任公关和政府事务副总裁。斯泰西经常告诉我,政客们常采用一些谈判招式来迫使对方做出让步,而引入时间压力就是最受他们欢迎的招式之一。

美国的债务上限大约每年都要提高一次,以满足国会的额外支出。共和党倾向于通过小幅提高债务上限来减少赤字。美国民主党则希望花更多资金,因而投票支持大幅提高债务上限。无论两党出于何种动机,双方通常会在政府停摆的最后期限到来前的1个小时内达成一致。在奥巴马和特朗普执政期间都发生过这种情况,而之后的几届政府也将难以避免。一旦错过最后期限,双方都试图给对方施加新的时间压力。他们指出,大量政府工作人员无力偿还房贷。他们还反复提出,很多企业主靠政府的业务为生,而这些企业离破产只有咫尺之遥。所有这些说辞都是为了给对方制造更多的时间压力。

与时间压力相关的最极端的例子发生在1994年,即克林顿执政时期。前总统吉米·卡特与当时的参议员萨姆·纳恩(Sam Nunn)和参谋长联席会议主席科林·鲍威尔（Colin Powell）一起前往海地。他们此行的任务是说服当时的海地独裁者拉乌尔·塞德拉斯（Raoul Cédras）离开海地。卡特代表美国政府威胁说，如果塞德拉斯不离开，美国的部队将入侵海地。第二天的谈判结束时，克林顿总统打电话给卡特，让他赶紧撤离，因为美国将在30分钟内入侵海地。塞德拉斯听闻这个消息，立刻开启了流亡之旅。如果你知道自己的国家在接下来的30分钟内将被入侵，你会被关进监狱，而且可能余生都要在监狱里度过，你能想象这种压力有多大吗？

我弟弟凯文曾以汽车经销商的进货发票价购买了一辆新的科尔维特。他利用经销商的时间压力得到了他想要的价格。每当凯文买车时，他总是要经销商拿进货发票出来看。令人惊讶的是，经销商们一般都会把发票拿给他看。如果我以卖车为生，我肯定不愿意向买家透露我的实际成本。

凯文说："我会以你的发票价买这辆车，价格不能再高了。我不急着买车。只要你想卖，就给我打电话，我随时都可以下单。"凯文选择在月初对几家汽车经销商说这番话。但他知道，绝大多数经销商在月底的压力更大。

果然，这一招奏效了。凯文举办了一场泳池派对，邀请了一些朋友和他们的孩子来玩。经销商打电话给他，说他准备以发票价把车子卖给凯文。凯文回答说，他正在开派对，并要求经销商带上交易材料，开着那辆新的科尔维特到他家里。

令人惊讶的是，经销商果真带上了材料，并把科尔维特开到了凯文的家里。我这辈子买过很多车，但从来没有经销商把车和交易材料带到过我家。这就是时间压力的力量，因为经销商必须要在那天把车卖掉。

竞争压力

另一种迫使对方做出决定的方式是引入竞争压力。记住，有更多选择的一方总是处于有利的地位，而选择较少的一方则相对不利。如果你喜欢炒房，并告诉房主你正在考虑购买其他房产，对方将给你更多让步。

竞争压力适用于几乎所有的谈判领域。如果你告诉汽车经销商，他的竞争对手那里有一款车更便宜，这就是引入竞争压力的一种方法。如果你向店主解释说，某个网站上有相同型号的产品，而且发货速度更快，这也是引入竞争压力的一种方式。除非卖家生意太好，还希望少卖些产品，否则他们对竞争压力都会很敏感。一开始，他们可能会告诉你竞争对手在某方面存在不足，比如可能会承诺更快发货，但很少有人真的能够做到。他们可能还会贬低竞争对手，说这些人早晚要涨价。千万不要被这种话术所左右，因为这是他们阻止你达成更好交易的唯一理由。

我和妻子住在加州的时候，我的女儿凯瑟琳常来探望我们。回程的时候，她既可以从洛杉矶出发，也可以从奥兰治县机场出发。洛杉矶国际机场的航班票价最便宜，航班也最多，而奥兰治县机场的航班票价则要贵得多。但是，洛杉矶国际机场距离我们在奥兰治县的房子有80公里。在交通繁忙的时段，单程可能就需要2个小时。我们通常会先把孩子们送到迪士尼乐园附近的酒店，然后乘迪士尼度假区的大巴车前往洛杉矶国际机场。有一次，大巴车还晚点了20分钟。凯瑟琳担心赶不上航班。

机场往返巴士已经在酒店接驳点等候了，我问司机单程要多少钱。他说35美元。我没有把凯瑟琳的时间压力告诉他，只说迪士尼度假区的大巴车几分钟后就到了，但如果他收20美元，我就让凯瑟琳坐他的车。他当然答应了。我引入了竞争压力，但没有把我们的时间压力告诉他。这让我们有了更多的主动权，并迫使他在价格上做出了让步。

如果机场往返巴士的司机拥有你所学到的谈判技巧，他就会以另一些方式回应我。他可能只做很小的让步，还价34美元；也可能不做任何让步，看看我们是否会离开。一旦我们要离开，他可以当场做出让步。但是，正如我们之前探讨的那样，巴士上没人坐的座位是毫无价值的，无论客户付多少钱，也总比没有的好。

有一次，一位客户让我在克利夫兰的一场会议上发表演讲。我们在第一次交谈时提到了他的目标，谈话快结束的时候，他说他正考虑另外两位演讲者。他试图把竞争压力引入谈话，迫使我让步。

与此同时，我想摆脱这种竞争压力。我说："其他演讲者也能出色地完成任务。但在他们和您的团队成功磨合之前总会存在风险，而我以前和你们合作过，也取得了很好的效果，难道您不愿意让我来参加这次会议吗？你们的销售人员采用我的创意以后，销量增加了不少。又或者，请哪个演讲者对您来说真的很重要？"

"我当然想请您来了，"他说，"咱们的关系这么好。"

如果我的客户愿意的话，他可以让自己处于更有利的地位。他本可以让我降低包含机票费在内的演讲费用，或者让我做出更多让步——当然，这要取决于我为他的团队发表演讲的愿望有多强烈。但是,他永远不会知道这些,因为他从未在竞争压力中坚持下来。

★★★ **要点小结** ★★★

1. 找出对方的时间压力和竞争压力,但不要把你的时间压力和竞争压力告知对方。
2. 绝大多数让步都是在谈判的最后20%的时间段做出的。要让对方知道,如果不赶紧做决定的话,你就会在几分钟内离开。
3. 告知对方他们所面临的竞争压力,让他们知道其他人也向你报价了。

▶ 招式8
玩数字游戏

我听说过很多奇奇怪怪的谈判招式,而其中最奇怪的莫过于"玩数字游戏"了。房地产交易谈判中经常会用到这一招,让购房者以为房价没那么高。例如,房贷经纪人可能会告诉你,贷款后,你每天只需多花20美元。这点儿钱似乎不多,但你再想想,这就相当于每月要多花600美元。汽车经销商常说,如果你买一辆更贵的新车,每天只会多花10美元。他们还会告诉你,这辆车很省油,每升油能跑15公里,而不是8公里,省下来的钱足以抵销你购买这辆车所支付的额外费用。

千万不要因此上当!钱就是钱,无论按天算、按月算还是按年算,这些始终是真金白银花出去的钱。不难想象,这种数字游戏会被他们玩出各种花样来,比如有些汽车经销商可能会告诉你,买了某款车,你每小时只需多花80美分。

在数字游戏面前,我们很容易上当。定期人寿保险的保险费每天只需3美元,1天3美元的费用有谁负担不起呢?而经过升级和延长保险期限的高级险种每天只需额外支付75美分,甚至还没一杯咖啡贵。

然而,玩数字游戏可能也有好处。例如,你可以思考如何把一笔钱另作他用,比如存起来。这是一种简易的脑力锻炼。理财专家乔纳森·庞德(Jonathan Pond)曾说,如果你每天把3.95美元放进一个罐子里,而不是拿去买一杯星巴克咖啡,那就可以在30年内赚到60万美元。当我把这个计划告诉我的女儿卡罗琳时,她第二天就开启了她的"退休储蓄计划"。

数字游戏不只是把你花钱的时间细分为天或小时,它也可以是对未来事物的一种承诺。多年前,我就上过这种金钱数字游戏的当,好在没有造成真正的金钱损失。我的错误在于我相信了一个虚假的承诺。新英格兰保险公司(New England Insurance Company)的一位经理向我承诺说,如果我给演讲费打5折,他就会跟我提前预订另外3场地区会议的演讲。因为他就是那几场活动的策划人,所以我相信了他的话,降低了演讲费。

演讲结束后,那位经理告诉我,演讲效果非常好。我提醒他,他承诺过另外3场地区会议也要请我做演讲。然而,经理后来没了动静,再也没有打电话找我。我应该把另外3场演讲变成初始协议的一部分,而不是仅仅相信对方的一个承诺(当然,随着谈判次数的增多,我们的经验会更加丰富,人也就变得越来越聪明)。

这件事也可以作为服务价值下降的一个例子。那位经理很想找一位优秀的演讲者,遗憾的是,他可能预算不足,于是做出了一个他可能从未打算遵守的空头承诺。这种情况在谈判中很常见,比如对方会说:"如果这笔生意成了，我敢保证，你以后会拿到我们所有的业务。"还有一种承诺则带有更明显的金钱数字游戏色彩，比如对方说："如果你今天给我一个折扣，我会向我所有的朋友推荐你这家店。"这种承诺不太可能变成现实，你可以把它当作"地产大亨"（Monopoly，又译"大富翁"）游戏里的游戏币，而非真正的钱。

有人做过客户调研，结果表明，当一个客户对你的产品或服务感到满意时，他会把自己的经历告诉其他3个人（相比之下，如果客户不满意，他会把自己的遭遇告诉其他12个人）。然而，即使你做得很好，该客户也可能不会信守承诺向其他人推荐你。

★★★　要点小结　★★★

1. 对手会耍一些花招，使价格看上去没那么高，千万不要上当。
2. 无法实现的承诺就像"地产大亨"游戏里的游戏币。
3. 把你的注意力放在交易的结果上，不要因为这些花招而分心。

▶ 招式9
活用招标书

你是否按客户要求递交过投标书？你可能是某个项目的10大投标人之一，出价最低者将赢得标的。有时候，项目招标只是客户的一个幌子而已。也就是说，他们已经内定了供应商，但由于要遵守与招标相关的法规，他们必须从其他人那里获得投标价。

2017年，美国国防部（DOD）要更新数据分析系统，硅谷风险投资家、亿万富翁彼得·蒂尔（Peter Thiel）向美国国防部递交了投标书，报价1亿美元。国防部并未采购蒂尔的系统，反而购买了一个价值60亿美元的系统，其质量远低于蒂尔的系统。中标的通用动力公司和政界有联系，从而使他们能够在与价格更低、效率更高的系统方案的竞争中胜出。

一个低质高价的解决方案如何战胜了更好的替代方案？也许招标书未对胜出的投标方案做出明确规定，或者国防部原本就没打算把这个项目交给报价最低或者能提供最佳解决方案的供应商，又或者他们根本没有把中标的理由告知投标人。

要解决这个问题，投标人必须以书面形式阐明招标书的各项内容，获得招标方的承诺，并要求招标方同样以书面形式说明招标书中的每一个决定是如何做出的，是根据价格，根据质量，还是根据交货期限？这样，你就能在更公平的环境中参与竞标。当决策的关键点变得明确之后，招标方就没那么容易出现暗箱操作了。

我的朋友托尼曾供职惠普公司。之前我提到过，我的母校加利福尼亚大学圣迭戈分校的教务长发布过一份项目招标书，邀请全球最大的3家计算机公司前来竞标。教务长表示，学校将与出价最低的公司签署合同；招标书还建议该计算机系统的价格不超过600万美元。在20世纪70年代，那可是一大笔钱。但托尼意识到，惠普不能仅仅在价格上与对手竞争，于是他拒绝竞标。教务长问托尼为什么要放弃，托尼说："您没有考虑到长期成本，价格是您现在要付的钱；而长期成本是您未来要付的钱。"教务长更改了招标书，新标书不仅包括价格，还包括未来10年系统的维护成本。托尼赢得了竞标，并获得了10万美元的佣金。

当你拿到一份招标书时，不要从表面上去解读它。打电话给客户，要求对方阐明招标书的各项内容。

★★★ **要点小结** ★★★

1. 直接与招标决策者沟通，了解招标书的内容。
2. 弄清楚对方决策的依据是什么，价格未必是决定性因素。
3. 记住，与对方探讨招标书内容时，要提醒对方权衡价格和长期成本之间的关系。

▶ 招式10
与决策者直接谈判

在每次谈判的初始阶段，我会问对方："除您之外，谁还有最终决策权？"会议策划人往往会给我一个项目负责人的名字。通话快结束时，我会主动提出给会议策划人和项目负责人各寄一本我写的书，然后，我要求和双方约定下一次见面的时间。我会在电话里说："我的演讲费是1.2万美元，这在你的预算范围之内吗？"一旦找到了决策者，谈判就可以开始了。

通常情况下，我会在首次通话中了解对方是否有演讲经费预算。我会问他们的预算是多少，以及去年给主题演讲者付了多少钱。如果他们去年的演讲经费只有500到1000美元，我就会婉拒这次演讲。但是，我总是会让他们把预算告诉我，从而促使他们先报价。最糟糕的经历就是，当我与执行董事或助理初次通话时，对方说："我会让委员会来处理这件事。"或者说："我会和老板确认的。"确认的结果往往不如人意。她通常只会简单地向委员会或老板转述："演讲者开价1.2万美元，您想花这么多钱吗？"她不会描述我的背景，也不会提到我过去合作过的团队，更不会详细描述我的信誉。她也永远不会向老板解释为何我比他们正在考虑的其他演讲者都优秀。在我看来，与决策者通电话并自我展示是一件十分重要的事情。

提出试探性问题

谈判的部分问题在于，会议策划人可能总会把上级拿来做挡箭牌。他们可能会说："我要请示我们的委员会，然后再告诉您结果。"如果你听到这番话，最合理的回应方式就是提出试探性问题。试探性问题就像温度计，能测出他们当下有多热情。通过提问，你也可以了解他们关心的点是什么。如果他们回答，"我们很喜欢您的这个方案"，那局面可能对你有利；但如果他们说，"我不知道，我要跟委员会核实一下",那你就有很多工作要做了。

常用的试探性问题是:"根据您现在了解到的信息,您有什么想法?"或者你可以问:"您有什么建议吗?"通常他们会如实相告,说他们还有一名候选演讲者开出了更低的价格。又或者,他们已经选定了一名演讲者,只是想再看看有没有更合适的。

让对方亮明态度

我的一位朋友也是演讲者。为了不让对手拿上级做挡箭牌,他会说:"如果我们能实现您的所有目标,您会向委员会推荐这个方案吗?"尽管我喜欢这种方法,但它只是乞求对方给你机会,让对方不当场拒绝你,以避免尴尬。有时候,你可以说:"委员会会听从您的建议吗?"或者,你可以更直接地问对方:"您会向委员会推荐这个方案的,对吗?"

几年前,我和一位会议策划人聊天,她似乎对我的演讲主题非常感兴趣。她说,他们正在挑选一名主题演讲者。我觉得我不需要采用上述任何招式,因为她非常欣赏我。后来,我给她发了很多语音邮件,她终于给我回了电话,说公司的委员会在两周前选定了一名演讲者,她一直想打电话告诉我这件事。

请谨记一点：永远不要向没有决策权的人展示自己，比如服务人员或航空公司员工。

但你可以试探对方，了解对方的需求。你要向决策者展示自己，并期望他给你一个答复。你要让他实话实说，这点很关键。即使对方直接拒绝你，不也比浪费大家的时间好吗？正如有口臭总比不能呼吸好，对吧？我宁愿客户说我的演讲费用超出了他们的预算，也不愿打5次电话而得不到任何回复。如果你是房地产经纪人、电脑销售员或汽车经销商，正在与客户谈判，客户直接拒绝了你，这不比你整天缠着客户不放好吗？如果客户一直拖延着不给回复，你就要花很多时间去跟进客户，最终很可能还是被客户拒绝。

避免客户拖延的最佳方式就是让对方亮明态度。这可以促使对方投入到谈判当中，而不是令你把时间浪费在跟进客户上面。拖延时间对你有百害而无一利。人们会忘记一天内看到或听到的事物的70%的内容。更糟糕的是，3天后，我们就会忘记90%的事情。如果谈判对手将此事搁置了3天以上，他们就不太可能记得与你的产品或服务相关的任何事了。不过，他们很可能会拖延决策。你给对方留下多条语音信息，却没有收到任何回复。当你终于忍不住给他们打电话时,他们可能会说:"我刚想给你打电话来着,我们已经决定选另一家供应商了。"

这一切并不是因为对方做出了令人信服的决定,而是因为他们对最近与之交谈过的其他供应商的印象更深。不妨这样想:假设你为了跟进客户,用1个小时去打电话、发语音留言和电子邮件,如果你的收入达到每小时100美元,那就意味着你把一张100美元的钞票扔进了垃圾桶。与其从你的口袋里掏出100美元扔掉,倒不如让对方当面拒绝你,这岂不更好?

避免浪费时间的办法就是让对方亮明态度,比如跟对方说:"如果我们提出的是适合您的方案,我希望您会说'太好了,咱们就这样做吧';如果您觉得我们的方案不合适,我希望您直接说'不'就行了,而不是'给我几个星期或几个月再想想',因为这会让我觉得您没有掌握做出明智决策所需的全部信息。您就算拒绝了我,我也不会觉得难过的。您觉得这样可以吗?"你可以根据自身的性格特点对这些语句进行加工,但让对方保持坦诚的态度是很重要的,唯有如此,你才能与对方展开谈判。每当我和培训讲师候选人交谈或协商演讲费时,我都会使用这种方法。你可以把它应用于任何谈判。如果可以选择的话，我宁愿与对方谈判，也不愿意对方拒绝我；但如果对方真的拒绝了我，我会很感激他，因为我不用再浪费自己的时间，而是可以利用节省出来的时间去从事更能赚钱的活动。

有时候，对方会说他们眼下无法做出决定。当然了，你要问一些问题，弄清楚他们为何犹豫不决，并了解他们给出决定的时间以及其他竞争者的信息。

让对方亮明态度的最大好处在于，你可以弄清楚对方是否必须把你的方案提交给委员会审议，或者能发现谁是该委员会的负责人或主席。然后，你就有机会在最后的产品展示环节中请那个人到场。

谈判高手只向决策者而非助理或管理人员展示产品或自己。他们知道，向没有决策权的人展示简直就是浪费时间。

★★★ **要点小结** ★★★

1. 防止对方拿上级做挡箭牌，但你要保留自己找上级的权利。
2. 询问对方你是否可以直接与决策者交谈。

3. 让对方亮明态度，并询问对方是否有决策权。

▶ 招式11
拿出退出谈判的勇气

在美国2021年的"重建美好未来"立法提案谈判中，西弗吉尼亚州参议员乔·曼钦（Joe Manchin）和亚利桑那州参议员基尔斯滕·西内马（Kyrsten Sinema）立场鲜明地反对该提案。该提案的费用预算约为1.7万亿美元，但国会预算办公室认为，它的实际费用接近5万亿美元，其中包括10年而非3年的支出。曼钦参议员担心该法案会增加国家债务和导致通货膨胀加速。此外，近70%的西弗吉尼亚州选民反对增加预算。曼钦与白宫工作人员连续谈判了6个月，但他们永远不会给予曼钦让步，而这些让步恰恰是西弗吉尼亚州选民所需要的。曼钦没有接受折中的方案，因为他的选民不希望做这样的让步，相反，他退出了谈判。这个事件令人惊讶的地方在于，曼钦参议员是最可靠的美国民主党多数派成员，他的选票几乎一直都投给美国民主党。但在这件事上，他选择了放弃谈判，除非他能得到自己所要求的让步。

政治分析人士认为，其他五六名美国民主党参议员也反对这项法案，但他们没有公开表明自己的观点，所以我们永远也不会知道他们是谁。

退出一场错误的谈判需要勇气，你也需要勇气来放弃不适合你的交易。

在任何谈判当中，敢于拂袖而去是谈判者最重要的品质。你是否急迫到无论付出任何代价也要做成这笔交易？如果你很喜欢对方的服务或产品，你就要花更多的钱。如果你敢于退出谈判并且有备选方案，就总是能达成你想要的交易。

1991年，当我的女儿凯瑟琳出生时，我的妻子很想为我们家买一辆安全性能出色的汽车。她喜欢沃尔沃，不考虑其他任何品牌。我们在汽车经销商那里看到了一辆旅行车，她看了看价格，说："这车真是太划算了。"而我被标价震惊了。我原本希望她扮演挑剔买家的角色，但她的表现不太合格。销售人员想落实这笔订单，问我们打算以什么方式付款。我拽了拽妻子的胳膊，对她说："我们出去谈谈吧。"我对销售解释说，我们还有其他选择。

几年前，我写过一本书，名为《为何聪明人总是花冤杆钱？》。我在该书的《确认偏误》一章中指出，当人们爱上一个汽车品牌时，往往会重复购买同一品牌。美国人习惯每3年租一辆车，每5年买一辆新车。如果你总购买同一品牌的汽车，你就难以有效地与经销商谈判，而且与选择其他品牌相比，你要平均多付7500美元。

我把这个原理向梅丽塔解释了一番。最终，我们买了一辆马自达MPV多功能休旅车。我打趣说，我们生了3个女儿，这辆车正适合我们这种多胎家庭。

你必须敢于放弃任何不适合的交易。特朗普在商界被视为一位谈判高手，但在他所谈判的交易中，他只做成了其中10%他想要的，其余的90%他都放弃了，因为那些交易不适合他。你敢于放弃交易吗？你敢转身朝大门走去吗？如果不敢，你就永远无法达成你想要的交易，而只能听从对方摆布。

我希望你看完本书后，敢于去尝试每一种招式，尤其是做好放弃谈判的准备。当我刚学会这些招式的时候，就在伊斯坦布尔市中心的大集市上尝试了一把。大集市位于分隔欧亚大陆的博斯普鲁斯海峡岸边。我完全被那些土耳其谈判大师打败了，但仍买到了一些心仪的物品，因为我动不动就要转身走人。

有家商店出售一件长及脚踝的兔毛大衣,我知道我妻子肯定会喜欢那件大衣。它的标价是600美元,我觉得这个价格挺合理的,但我非常渴望尝试拂袖而去的方法,于是我冒着错失兔毛大衣的风险与商家展开了谈判。但我突然想起来,如果价格谈不拢,我可以走出商店,几个小时后再折转回来,仍能以600美元的价格买下大衣,根本不存在失去它的风险。于是我出价250美元,店主还价400美元,我又还价275美元,但店主不肯让步。我们又谈了几分钟,我装出很震惊的样子,摇摇头,低头看着地板。我和弟弟转身朝门口走去,然后迈出了大门。我看着弟弟说:"我真的很想买那件大衣。我们先去吃个午饭,再回来买下它吧。"

就在这个时候,店主走出商店,示意我们回去。他接受了我275美元的出价,但不想送那个贵重的盒子给我装衣服。我笑了笑,把衣服塞进了一个纸袋里。我只花了10分钟的谈判时间,就赚了325美元。你也可以做到这一点,前提是必须要有敢于退出谈判的勇气。最近,当找不到人谈判时,我就会感到很失落。谈判不仅能得到一个好价格,还能让我享受这个过程。

退出一场艰难的谈判是件很困难的事情。正是由于谈判很艰难，我们投入了很多时间，所以难言放弃。造成这种行为障碍的原因被称为"沉没成本误区"，它是行为经济学中的一个术语，表示一旦我们投入时间去完成一项任务，便会在这项任务上倾注更多心力。

举个例子，连接波士顿市和洛根国际机场的"大隧道"（Big Dig）项目在承包商的实际支出已超出预算50亿美元后仍未竣工。在项目监督委员会召开的会议上，很多人反对解雇该承包商，因为他们已经投入了巨额费用。"大隧道"完工时，已经延误了好几年的时间，并超出预算约165亿美元。但是，最糟糕的事情发生在隧道通车仪式当天。一块松动的水泥板从隧道的天花板上掉下来，击碎了一辆汽车的挡风玻璃，造成市民在车内当场死亡。事后看来，但凡项目监督委员会有点儿理性和逻辑思维，都应该解雇承包商，并在新合同中增加惩罚性条款以及绩效奖金条款。

2008年美国金融危机期间，小布什总统要面对通用汽车公司破产这一难题。当时，通用汽车公司正濒临破产，100万名工人面临失业的风险。2008年9月，美国财政部向通用汽车提供了300亿美元的贷款，希望能挽救这些工作岗位。

奥巴马当选总统后，仍面临着通用汽车即将破产的局面。2009年5月，他指示财政部再向通用汽车贷款480亿美元，再次保住了100多万个工作岗位。2009年6月，通用汽车正式破产。美国政府给通用汽车共提供了780亿美元，却眼睁睁看着这家公司最终陷入破产的境地。对于像通用汽车这种规模的公司来说，破产可以有多种形式，比如重组和清偿债务等，并不一定要清算。但是，在通用汽车破产前，美国政府的错误做法只是在浪费钱。

这是沉没成本误区的一个绝佳案例。支援通用汽车的资金没起到任何作用，它最终还是破产了。然而，美国财政部的钱不断流入通用汽车，因为它此前已经投入了大量资金。结果在2009年，美国人无论男女老少，每个人都要为财政部的错误而额外背负700美元的债务。

这就是为什么退出谈判是件非常困难的事，你已经投入了时间，有时还投入了金钱。你开始给自己找理由，认为达成交易总比一无所获要好。

理财专家常说，美国家庭平均每5年买一辆汽车。这样，他们一生在汽车上的花费将超过80万美元。但我的做法恰恰相反，我会购买一辆我认为最好的汽车，并坚持使用10年。

我购买保时捷卡宴S的那天，销售人员报价8.5万美元，但我已经做好了谈判破裂的准备。在他和另一对夫妇谈话时，我要了他的名片，然后在名片上写下"6.9万美元"和我的手机号码。此外，我还在名片上留下一句话："如果你想做这笔交易，就打电话给我。"午餐时间到了，我和妻子去吃寿司。我对妻子说："如果他20分钟内不打电话过来，我们就继续去别的地方看看。"

令人惊讶的是，销售人员居然不到18分钟就打来了电话，接受了我的报价。我非常喜欢那辆车，而且我在30分钟的谈判中赚了1.6万美元。但是，销售人员这么快就接受了我的报价，必定是哪里出了问题。你能想到是什么问题吗？没错！我本可以赚更多的钱，也许对方会接受6.5万美元呢？我永远也无法知道这个问题的答案。

谈判是件有趣的事情。你要读懂对方的心思，有效地进行沟通，并使用系统性招式。这就像学习一门新语言。在学习西班牙语的最初几个月里，我总感觉很别扭，但随着勤奋练习，我说得越来越好，感觉这门语言变得有趣多了。如果你练习这些谈判招式，你也会更加成功。

最重要的是，你要培养一种谈判的心态。当你开始把一切事情都看作潜在的谈判时，你就会变得非常擅长谈判，也更加乐在其中。

★★★　要点小结　★★★

1. 随时准备好退出谈判。
2. 最优秀的谈判者退出谈判和接受对方条件的次数比是10∶1。
3. 享受谈判的乐趣，把学习谈判当成学习语言，每天都要学习和练习。

▶ 招式12
巧妙回应"要就要，不要就拉倒"

令人最难以接受的说法之一是——"要就要，不要就拉倒"，这听上去就像对方在逼你要么服从，要么接受失败。

对方说这句话的目的是要求你接受他的条件或退出谈判。每当员工要求领导为其加薪，或给予额外的假期或其他便利时，拙劣的领导者就常常说这句话。下属可能会问："我在这里已经1年时间了，您说过12个月后我就可以加薪，那现在可以加了吗？"拙劣的领导可能会回答："我们今年的工资预算已经没有加薪空间了。现在的薪资你要就要，不要就拉倒，你自己选吧。"

再举个例子，你很想在某个卖家身上尝试一种新的谈判招式。也许他们不是决策者，或者没有兴趣达成交易。他们会说："就按标价卖，不还价。你要就要，不要就拉倒。"

无论你在协商薪资还是就某款产品谈一个更优惠的价格，都可以用某种方法来回应这句愚蠢的话。你可以采用半开玩笑、半认真的方式让对方更加投入地与你谈判。以下是一些你可以用来打破这种僵局的小妙招：

要求与对方的主管商谈。通常情况下，这是一种客户服务需求，但你可以在此使用这种请求。你可以说："我知道，对于您这个位置的人来说，这件事肯定很困难。那谁有权力破个例呢？"或者说："我敢说，这些规定是某个高层制定的，您无法破例。那您介意我和那位领导谈谈吗？我能知道他的名字吗？"

迎合对方追求公平的想法。人非机器，他们也知道某个规则或指令不够合理。如果你尊重和体面地对待他们，他们往往会妥协，并给你大开方便之门。你可以跟对方说："如果我能让您的付出有所回报，您愿意帮我这个忙吗？"一个更好、更直接的询问方式是："我知道您现在很为难。但在这种情况下，我要怎样做，您才能稍微破个例呢？"

政府官员是最不可能谈得拢的人，海关和移民局官员表现出来的"要就要，不要就拉倒"的态度甚于任何人。1986年，我和我当时的妻子桑迪飞往塔希提岛参加一场会议，我要在会议上发表演讲。到达塔希提移民局检查站时，移民局官员指出桑迪的护照过期了。如今，航班起飞地的登机口检票员每次都要核实护照信息。如果他们犯了错误，起飞地的航空公司会被要求把乘客送回去，费用由航空公司承担。通常情况下，这就是一个"要就要，不要就拉倒"的场景，海关甚至不会给你选择，而是直接将你驱逐出境。那位法国移民局官员告诉我们，他将让桑迪坐下一趟航班回洛杉矶。

"我知道，您也很为难，"我说，"我完全尊重法国的法律，但我们能做点儿什么吗？要么罚个款？或者在这种情况下，可以发一张临时签证吗？"

移民局官员开玩笑说："如果我带着过期的护照到洛杉矶机场，而你是移民局官员，你会怎么做？"

我微笑着说:"如果您是从塔希提岛来的,您可能想和自己的孩子一起去迪士尼乐园玩。我肯定不会把您的孩子送回塔希提,让他们失望。我会签发一张为期10天的临时签证,这至少能让您的孩子开心。"

他对我笑了笑,拿出一枚印有法语文字的印章,对我说:"你可以在我们美丽的国家逗留10天。如果逾期的话,我们就把你关进监狱。"我对他表示感谢,并飞速离开了他的办公室。

在"要就要,不要就拉倒"的场景中,你很容易会认为自己别无选择。但实际上,你是有选择的——前提是能找准谈判的人。记住,与你交流的是人,而不是计算机。

至于如何打破谈判僵局,我有一条经验法则:"如有疑问,那就向对方提问。"每当你陷入困境或别无选择时,那就问对方一些问题。你可能无法得到想要的结果,但这个方法能给你带来更多的选择。

当面临航班长时间延误甚至航班被取消的问题时,绝大多数航空旅客会拒绝接受这个事实,并立刻对宣布坏消息的登机口检票员宣泄愤怒。但是,他们应该询问下一趟航班什么时候起飞,有没有其他航空公司可以提供服务,甚至还可以询问到达航班的时间表。

你甚至没有注意到很多"要就要,不要就拉倒"的场景就存在于身边,比如你忘记付电费,导致家里停电了;水费交晚了,自来水也被停了;因为你没有及时偿还新家的按揭贷款,这可能会产生数千美元的额外罚款和搬迁费用。

遇到这些情况时,你可能会生气。有时候,你打电话联系客服,对方用"要就要,不要就拉倒"之类的话揶揄你。但现在,你知道要保持冷静,向对方提出一些问题。只要找到可以跟你谈判的人,你就能发现问题的解决方案。如果你找不到那个人,那就继续打电话。

20世纪90年代中期,我又遇到了一次签证问题,于是我有机会再次使用"要就要,不要就拉倒"的应对招式。在《北美自由贸易协定》(NAFTA)生效前,任何人想在加拿大工作1个月或1个小时都需要获得工作签证。通常,我的演讲只有60到90分钟。办理这些签证的过程非常烦琐,甚至要等几个月的时间才能得到加拿大政府的回复,而我的大部分演讲活动都是在两个多月前就预定好的。为了避免繁文缛节,我走了一条捷径,向海关申报时称自己是一名游客。

我知道,这样做是错误的。在我试图通过埃德蒙顿国际机场的移民局检查点时被逮了个正着。当时，我穿着一件蓝色的西装，可能看起来太像专业人士，不像个游客。我被带到一个小隔间，等了3个小时后才有一名官员出现。

官员在我的行李箱里发现了一些音频资料，并问我为什么来加拿大。我立即承认说，我第二天要为100名企业主演讲，我是这次会议的主题演讲者。移民局官员说，我在没有获得工作签证的情况下进入加拿大，此举违反了他们的法律。他说，他会找下一趟返回美国的航班，然后把我驱逐出境（后来我才知道，一旦你被有些国家驱逐出境，就永远不能再进入那些国家了）。

"您可以帮我做点儿什么吗？"我问那名官员。

"我只是按规定办事，"他说，"帮不了你。"

"我知道这事很难，"我说，"我之前没有意识到问题的严重性，对此我深表歉意。但是，明天有数百名有影响力的企业主从阿尔伯塔省过来听我演讲。您能法外开恩，想办法让我做这个简短的演讲吗？我不想让这么多听众失望。"

那位官员看了一眼副手，跟他耳语了几分钟，然后对我说："这条法规有个例外。如果演讲是在午餐时间进行的，而且不超过1个小时，那就不需要工作签证。"

我笑着说:"没错,没错,我就是在午餐时间演讲的!"

会议策划人已经在海关检查点外耐心地等候了好几个小时。我告诉他,我的演讲时间段需要调到中午。他不想失去我这个主题演讲者,所以很乐意去调时间。

如果我能摆脱"要就要,不要就拉倒"的困境,让一位很少破例的政府官员网开一面,那么你也可以做到。要发挥自己的创造力,不要把对方的拒绝当作最终答案。要彬彬有礼地提出建议,让对方在做出让步的同时保住面子。

★★★　　**要点小结**　　★★★

1. 要求与对方的主管商谈。
2. 迎合对方追求公平的想法。
3. 保持礼貌和尊重,不卑不亢。

▶ 招式13
把"烫手山芋"扔回去

在几乎每一场谈判中,"烫手山芋"都是一大挑战。"烫手山芋"曾是一个很受欢迎的儿童游戏,一个孩子从烤箱里拿出一只很烫的山芋,扔给另一个孩子。他们不想把滚烫的山芋长时间拿在手里,于是依次把它扔给别人,直到山芋变冷,可以用手拿住为止。

如今,谈判方常常会使用这个概念。对方遇到了难题,希望你能帮他们解决。然后,他们会拒绝你想到的每一个解决方案,或者希望你能够做出让步,以解决犹如"烫手山芋"的难题。

这是谈判方最喜欢采用的招式,他们会提出一些苛刻的要求,并要求你做出让步。例如,某个买家希望你在价格上做出让步,因为他们的信用卡额度不够高,不足以购买你的产品。

有家公司说我的演讲费用不在他们的预算范围之内,问我能否少收一点儿钱。他们把"烫手山芋"扔给我,试图迫使我做出让步。首先,我问他们:"如果价格超出预算,谁有拍板权?"这个方法不起作用。于是我询问他们的培训预算是多少。会议策划人说,培训部门没有参与这次会议。然后,我主动提出向他们出售我的新书,送给与会的每一位听众。由于培训资料是培训的一部分,所以我问这项购书费用是否可以纳入培训预算。我降低了演讲费用，但从图书销售中赚到了更多的钱。我接受了"烫手山芋"的挑战，但我要求他们做选择，而不是让我做出让步。

有个人想买房，他告诉房地产经纪人，房贷利率比他预想的高了些。买家希望卖家允许他分期付款，从而把融资变成卖家的难题，而不是买家的。负责出售房子的房地产经纪人不接受这一"烫手山芋"，相反，她把买家介绍给了一个按揭贷款中间商，这个中间商胆子比较大，专门从事以房产作抵押的短期贷款业务。

永远不要让对方把他们的难题变成你的难题，这只会让你做出更多让步，并达成一笔糟糕的交易。我的妻子喜欢告诉女儿们："如果不懂得未雨绸缪，你们准备不周的后果不应该成为我的紧急情况。"当女儿们因为没有提前做好计划而让自己陷入危机时，我们会试着让她们自己来承受。这样的话，也许她们下次会提前做好准备。

我打网球时认识了一名球友艾伦，他的职业是理财规划师，刚加入费雪投资公司（Fisher Investment）不久。我为他提供了几个月的辅导，他的表现很出色。他把我推荐给了公司的营销副总裁，看能不能给他们公司发表演讲。副总裁甩给我一个"烫手山芋"，对我说："如果你能把艾伦培养成我们公司的顶尖销售,我们会考虑找你来演讲。"看到这位副总裁如此傲慢,我回应道:"如果你们的销售不使用艾伦正在学习的技能,会给公司带来多大的损失?如果你想观望的话,我完全能理解。不过,我也在跟你们的竞争对手合作。"

处理"烫手山芋"的方法就是让对方来解决它,你只需这样说:"这事听起来很难,您觉得您应该怎么做?"或者你可以说:"这事似乎有点棘手。如果我们仅仅因为这个问题而不能达成这笔交易,那就太可惜了。您觉得有什么办法可以解决这个问题?"

当购买位于葡萄牙的房子时,我问卖家是否愿意把家具留给我们。由于他们住在英国,把家具留下似乎是件很省事的做法,否则的话,他们只有两种选择:要么把它扔掉,要么花一大笔钱把它拖到英国。卖家想以3.5万美元的高价把家具卖给我们。在葡萄牙,出售任何商品都要缴纳23%的税。卖家可以将房子的售价提高3.5万美元,这样,他们就可以只支付15%的资本利得税,比商品税要低一些。但是,若我以后卖掉房产,我自己就要多缴纳3.5万美元的税。

我对卖家说:"这些不是高档家具,我可不想因为购买房子里的家具而增加自己的纳税金额。您觉得您应该怎么做呢?"我把"烫手山芋"扔回给他们。最终,我们双方达成一致,我只需要花少量的钱购买家具,而这部分钱不包含在房价之内。

永远不要为对方的问题承担责任,这点很重要。不要让他们把"烫手山芋"甩给你。你要不断地问他们如何能解决这个问题。当然,如果他们因为手里拿着"烫手山芋"而一直要求你做出让步,那你就得做好退出谈判的准备了。

★★★ 要点小结 ★★★

1. 永远不要让对方的问题成为你的问题。
2. 不要为了解决对方的难题而做出让步。
3. 问他们打算如何解决自己的问题,然后提出一些他们可以实施的解决方案。

第 3 章

破冰:当谈判遇到困难

很多关于谈判的书籍都涵盖了谈判技巧和技能，这些技巧和技能可帮助谈判者实现预期结果，适用于我们日常的核心活动，比如买卖谈判和薪资谈判。但是，这些书籍没有回答一些其他的问题，那就是当谈判遇到困难或谈判具有挑战时要怎么办？诸如，你在买卖物品时是否太过热情而变得不利于谈判？敌对的态度是否让彼此产生了先入为主的观念，导致谈判更难以展开？你能与委员会谈判吗？你能运用谈判方法与那些投诉你的客户进行沟通吗？

当然，很多书还论述了如何赢得谈判，但它们很少提及如何倾听对方的意见，从而使其接受你的想法。倾听和说服是两种不同的办法。倾听者往往控制着对话。你越善于倾听，就越无须花费精力去说服对手。

当你为了实现成功的谈判结果而提出各种解决方案时，对方可能会提出异议。这仅仅表明对方要求你提供更多信息，并不预示着谈判即将结束。对方提出反对意见，说明他心中有顾虑，而你要做的就是打消这份顾虑。

本章将涵盖上述所有内容。通过学习本章的谈判方法，你将轻松破冰艰难谈判，驾驭下一次谈判，并取得更加成功的结果。

▶ 方法1
扮演犹豫的买家/卖家角色

价格、时间和质量

1982年的我还是一名刚入行的商业演讲家，那时候我就明白了一个道理：在任何一笔交易中，谈判者都想达成3个目标，即价格、时间和质量。然而，这3个目标不可能同时实现。谁都想得到尽可能低的价格，谁都想立马拿到产品，而且谁都希望产品质量是最好的。但是，我们只能实现这3个目标中的2个。比如你可以当场得到一个极低的价格，但产品质量不是最好的；或者，你现在就可以得到一款高质量的产品,但得多花钱;又或者,你可以得到质优价廉的产品,但必须等上一段时间。

你永远不可能三者兼得。如果你觉得自己可以通过谈判得到一款质优、价廉、交货速度快的产品,那你将铩羽而归,因为对方会发现你的弱点,并迫使你做出让步。

我比较擅长制订旅行计划,但有时我会错过购买低价机票的时机。我有40年坐飞机旅行的经验,知道出发前的3~5周是预订机票的最佳时机,因为那时候票价最低。但有时我一忙起来就忘记了订票。

大约1年前,我又遇到了这种事。在一场演讲开始前的1周,我突然想起来忘记跟航空公司订票了。如果没有提前预订的话,乘坐美国航空公司、联合航空公司或达美航空公司往返休斯敦的机票价将超过1000美元。我已经向客户保证机票价格不会超过750美元。如此一来,我要么自行承担剩下的250美元,要么乘坐廉价航班,最终我选择了后者。那是我第一次乘坐精灵航空公司的航班。据我所知,它是美国最差的航空公司,机票价格极低,低到会令人产生心理负担。

我花了500美元订票,又另外花了250美元买了一排中间位子,用来放行李。售票员和空乘人员态度恶劣,仿佛乘客跟他们有着深仇大恨似的。

在这个案例中，我得到的是低价和时间，但牺牲了优质的服务。无论你参与哪种谈判，都要做好只能实现最重要的2个目标的心理准备。你要记住，价格、时间和质量这3个目标是不可能同时实现的。

扮演犹豫的买家角色

最有效的谈判方法之一就是表现出犹豫的态度。那些看上去迫切想成交的人往往会在谈判中吃亏，而那些表现出"要就要，不要就拉倒"态度的人，却往往能得到自己想要的东西。谈判中较弱势的一方总会做出最大的让步，所以，永远不能让对方知道你所承受的压力，更不应指望对方为你做出让步而不图任何回报。

让我们来谈谈如何运用"扮演犹豫的买家角色"的方法。假设你在一场私人派对上看中了一辆保时捷跑车，想把它买下来。那辆保时捷只开了5年，车况完美，颜色也很漂亮；敞篷车顶完好无损，与车身完美契合。车主允许你试驾一番。加速时的推背感令你血脉偾张，你觉得这车天生就该属于你。此刻你是否激动不已，迫不及待地问车主想卖多少钱？如果你想让卖家怀疑自己的出价太低，那这么做完全没有问题。看到你这么兴奋，也许他就应该把价格抬高点儿。

或者说，你是否应该不露声色地绕汽车走几圈？试驾之后，你告诉车主："我觉得这车还行。"并且和他说，你之前也见过几辆类似的车，可能要再看看。作为谈判高手，你试图在出价之前让卖家先打个折。你可以说："我知道，这车你想卖5万美元。我也看过其他一些相当不错的车子。你愿意出的最低价是多少？"如果你运气好的话，卖家可能会立刻打折到4.5万美元。然后，你可以用夹心法，取折中价成交。如果你运气不好，卖家可能会坚持以5万美元出售。不过，你依旧让对方松了口。如果你想以4.7万美元成交，那就出价4.4万美元，然后等待卖家还价。即使最终售价是5万美元，这辆车仍值得一买。也许对方还赠送车险，或者为你购买一年延保。你必须表现得犹豫不决，否则这一切都不可能发生。

扮演犹豫的卖家角色

如果你是卖家，也可以使用同样的方法，表现出一副不情愿的样子。你想卖掉自己的保时捷跑车，出价5万美元。买家绕着车走了几圈，显得很兴奋，毕竟找到一辆车况这么好的保时捷不是件容易的事。买家把车开出去试驾了一下,你能看到他脸上洋溢着喜悦之情。买家说:"你这辆车的最低售价是多少?"你告诉买家,你很喜欢这辆车,真的不想把它卖掉,你甚至不知道自己为什么要把它拿出来卖,还不如把它当作传家宝,留给你的孩子使用。然后,你看着买家,问他:"您刚才说什么?我没完全听清您刚才说的话。"买家收回了他的问题,对你说:"你想怎么结算?银行本票还是电汇?"

在特朗普的自传中,他描述了一场与纽约市圣莫里茨酒店(St. Moritz Hotel)相关的谈判。澳大利亚房地产开发商艾伦·邦德(Alan Bond)想买下这家酒店,并直接与特朗普面谈。邦德走进特朗普的办公室,问他圣莫里茨酒店的转让价格是多少。

特朗普使用"扮演犹豫的卖家角色"的方法抬高售价。他说:"艾伦,很抱歉,你为了收购圣莫里茨酒店而千里迢迢来到这里,但我不想卖它。我在西区还有一处房产,如果你感兴趣的话,我倒是很乐意跟你讨论一下。"

邦德说:"这太不像话了。你的员工说我们可以面谈圣莫里茨酒店的转让事宜,现在你却说不卖它了。我专程从澳大利亚飞过来的,前后花了20个小时,结果一无所获。"

特朗普站起来，陪同邦德走向电梯，说："对不起，艾伦，我的手下传错话了。"他一边按下电梯按钮，一边说道："艾伦，我深感抱歉。但如果你真想买圣莫里茨酒店的话，你打算出多少钱？"

特朗普只用了一个很简单的方法，就促使邦德率先报价，这样他就能用夹心法取折中价。最后，他以1.6亿美元的价格卖掉了这家酒店，狠赚8100万美元。特朗普只用了不到1个小时就赚到了数千万美元，堪称一位高效的谈判专家。

▶ 方法2
不要表现出对抗情绪

谈判是为了让对方同意你的条件，但这也要建立在双赢的基础之上。当谈判进展不顺利时，其中一方的情绪可能会变得激动，所以，你应该避免产生对抗情绪，不要表现出对抗情绪，并尽力缓解紧张局面。

我是南卡罗来纳州查尔斯顿市丹尼尔岛俱乐部（Daniel Island Club）的会员。该俱乐部是一家私人高尔夫社团，不对外开放，共有700名会员和业主。俱乐部内建有一个令人印象深刻的网球综合体、一处冰球设施、一间世界级的健身房，以及令人赞叹的餐饮设施。

2021年4月，当我第一次来到这里时，我被工作人员展现出来的一流服务所震惊。我问一名服务员，他们是否开设过关于如何善待会员的课程。她说："我们没有办过这种课程，但我们的企业文化就是对会员有求必应。"

这种热情友好的政策很容易被看作理所当然，但我们每个会员都知道要重视和尊重在这里工作的人。换言之，我们会确保始终保持这种非常友好的氛围。

这个道理也适用于谈判。有些人可以凭借职权和傲慢的态度获得想要的谈判结果，但是，如果你以尊重、共情和礼貌的心态与对方谈判的话，会得到更好的结果。

在几乎每一部警匪片中，你都会看到警察威胁嫌疑人，说要让对方坐一辈子牢或判处死刑的画面。但在现实生活中，情况往往是相反的。最近，达拉斯警方的一名审讯人员听了我的演讲。演讲结束后，我们一起边喝咖啡边聊天。他告诉我，即使犯罪嫌疑人撒谎，审讯人员也会努力表现出同理心。

他给我举了个例子：一名被控入室盗窃的嫌疑人否认

了警方的所有指控。审讯人员从受害者的陈述中得知，盗贼之所以闯入室内，是为了找回自己的手表（就像当年前橄榄球明星O. J.辛普森在持枪抢劫案中试图偷回属于自己的体育纪念品）。于是，那位达拉斯警察对嫌疑人说："有时候，人们闯进别人家里，只是为了找回自己被偷的物品。我完全能想象得到一个对自己有重要意义的物品被偷走了是什么感觉。除了把它拿回来，你别无他法。这种感觉实在太难受了，我简直无法忍受。"

然后，犯罪嫌疑人插嘴道："这正是我的遭遇。我只是想拿回我的手表，我没有别的办法，只能破门而入了。"

警察说："请你把事情的来龙去脉告诉我，我会尽量帮你的。"嫌疑人被审讯人员吸引到谈判当中，而后者这样做的目的是让嫌疑人招供。这也是一种谈判形式。

为避免产生对抗情绪，首先，你永远不要跟对方争论。不要试图贬低对方或指责对方怀有恶意。在美国政界，经常发生一方试图妖魔化另一方，以树立本方权威的情况。这只会导致对方更加坚持自己的立场。

要感同身受

另一种避免对方感到自己被冒犯的方法就是"要感同

身受"。例如，你可以跟对方说："我理解你的感受，我过去也有过和你一样的感觉。但是，如果我们能就这个问题达成一致，等以后回想起来，我们都能自豪地说，我们解决了一切难题。"

离婚是最痛苦的谈判之一。我的一位朋友也是演讲家，在与前妻闹离婚时，前妻威胁说要搞垮他的生意，收取巨额赡养费，拿走他的所有版权，并限制他见女儿的时间。除子女探视时间受限这点无法接受以外，他愿意接受她的其他所有要求。前妻还经常指责他，说他是一个不称职的丈夫和不称职的父亲，他无言以对，最终与前妻打了两周官司，以争取探视女儿的时间。这场官司花了他20万美元的律师费用，双方的大部分资产都消耗殆尽。

如果前妻没有恶言相向，我朋友也许会接受前妻最初的条件。对抗在谈判中永远发挥不了作用，如果你生气了，对抗只能帮你宣泄个人情感，但会付出昂贵的代价。如果谈判变得过于激烈，你最好保持冷静并退出谈判。你以后还有很多机会可以重新开启谈判，但千万不要切断与对方的联系。

视情况而定

你是否参与过进展缓慢的谈判？如果是的话，你可以采用"视情况而定"的方法来打破僵局。

"视情况而定"可用于多种类型的谈判。我辅导的一位客户无法签订合同，因为他在接下来的3个月里的财务负担很重。我知道，如果时间拖得太久的话，这笔辅导生意基本就黄了，于是我采用了"视情况而定"方法。我对他说："只要您的目标是明年的业绩翻一番，那我们就签署协议，并在1月开始辅导。如果您想把辅导时间推迟到2月或3月，那也没关系。您觉得可行吗？"

如果你曾经以这种方法向客户提出建议，而对方不同意，那就做好退出谈判的准备吧。有诚意的谈判者总能找到达成协议的办法；而没有诚意的谈判者只会迁延时日，浪费你的时间。

最近，一位汽车经销商告诉我，他们每天卖车时都要使用"视情况而定"方法。有一对夫妇很想买一款车，但只有在获得融资资格之后，他们才能做出决定。如果销售人员没有经验的话，就会先让他们回家，并承诺财务经理稍后会打电话给他们；而经验丰富的销售代表则会针对这种情况当场对交易进行融资。他们会把所有的文件准备好，然后走进财务经理的办公室。即使他们发现还款利率高于预期，交易的势头效应也将促使双方完成谈判。

"视情况而定"在任何地方、任何行业都是一种行之有效的方法。例如，即使买房人还处于观望状态，贷款负责人仍可以把文件先准备好。他们建议客户先等待初审结果出来，这样就可以知道自己能贷多少钱买房子。

再举个例子，一位景观设计师与业主谈判，后者刚买了新房子，想重塑房子周围的人造景观。在与设计师确定景观规划之前，业主不想签合同；设计师则建议双方先签署一份合同，但前提是业主要赞同他们的人造景观设计规划。正当双方僵持不下之际，事情出现了转机，设计师问业主，他们是否可以开始每月维护一次景观，以免房子周围植物的枝叶过度生长。设计师将"视情况而定"与"退而求其次"相结合，大大地提高了这场谈判的成功概率。

最近，一名会议策划人告诉我，因为会议的场地还没确定，她不想提前跟我预约演讲活动。她说会议要举办3天，无法确定我的演讲会被安排在哪天，所以她不想在日程表完成之前签合同。我想推动一下这个进度，于是对她说："我们先把项目预订下来吧，至于哪天演讲，就视会议举行日期而定。"她问我这话什么意思。我说:"我先给您一份协议,里面有演讲费用、主题等内容,等您确定会议日期之后就可以签了。您只要告诉我会议日期是什么时候,然后直接把日期填进去就可以了。"此举顺利打破了僵局。"视情况而定"是保持谈判势头的妙招。通常情况下,让事情停下来比开始做一件事更难。

"视情况而定"方法常用于房产买卖。也许买家想改造一间厨房,但不知道要花多少钱。也许卖家不知道他们要支付多少资本利得税,在知晓这个问题的答案之前不想做出决定。你可以对卖家说:"让我们先确认这个报价,至于您是否同意卖这幢房子,要视厨房改造成本而定。让我们先把'是否出售房子视资本利得税费用而定'这句话写进合同里吧。"对买家或卖家来说,暂停交易进程等获取所有信息后再重启,比协议里多添一句话要难得多。

▶ 方法3
不要跟没有决策权的人谈判

永远不要跟那些没有决策权的人谈判,因为没有权力做决定的人是最难缠的谈判对手。

谈判时，你往往会遇到一个大难题，那就是试图要求一个没有决策权的人给予你更优惠的条件。每当我听到有人向一线员工要求折扣时，总会感到很惊讶，比如食客可能会要求服务员赠送一杯饮料，而服务员需要跟经理确认；航空公司的乘客要求票务代理免收机票手续费；汽车修理厂的客户要求客服提供折扣。在上述情况下，员工要么征求经理意见，要么告知客户没有折扣或无法破例。

经理和店长的职责是促成初次光临的顾客和回头客消费，他们深知顾客满意度至关重要；一线员工则专注于做某项工作，他们通常只关心自己的时薪。除经理外，很少有员工会对他们自己本职工作之外的任何请求感兴趣。最近，我和妻子在一家餐馆里吃午餐，一名年轻的传菜员给我妻子端上来的是硬面包圈，而不是奶油面包、培根和鸡蛋三明治。梅丽塔告诉服务员，她点的是奶油面包。传菜员只是点了点头就走开了。如果是餐厅经理的话，他会立即把这些食物换掉，但那个年轻的服务员只关心什么时候下班。

几年前，有人把我推荐给了3家加拿大公司，它们可能需要我的演讲服务。推荐人在一场会议上听过我的演讲，并叮嘱我在联系那3家公司时，一定要报他的大名。我给其中一家公司的首席销售副总裁发去了一封语音邮件，请求跟他当面商谈相关事宜。副总裁的助理打电话过来，询问我的演讲主题和费用。我不想跟没有决策权的人谈判，我只告诉她一些演讲主题，然后说，我很想在副总裁有空的时候和他谈谈。她又问我演讲的费用是多少，我重申道，只有在深入了解他们的目标后，我才知道该收多少钱。我从事演讲40年了，深知助理会把我的演讲主题和收费标准汇报给上级，而她的上级对我一无所知，这完全是在浪费时间。千万不要向没有决策权的人推销产品，更不要与之谈判。

我曾经是eSpeakers的会员，这是一家为专业演讲家招揽业务的公司。在我退出会员的前几天，北加利福尼亚州的一家公司突然要求我把自己的演讲费标准告知他们。我回复了一封电子邮件，要求对方赶紧给我打个电话。对方回复的邮件又只要求我把演讲费用告知他们，我再次要求他们打电话给我，因为在报价之前，我想深入了解具体的会议和那家公司的背景。对方发来第三封邮件，说他是公司的新员工，只是四处打听一下报价而已，他们还没有准备好与任何演讲者预定活动。

再强调一遍：不要把产品卖给没有决策权的人，也不要与之谈判。这是颠扑不破的真理。

这是你在谈判时所面临的最大障碍之一。如果你接到询价电话，记得在报价之前强调你可以为客户带来价值。你只需这样答复对方："我的价格有很多种。在我们讨论价格之前，我想了解更多与您和您的需求相关的信息。您觉得这样可以吗？"如果对方坚持要了解价格，而不是你给他们带来的价值，那此人不太可能是有决策权的买主。

不过凡事皆有例外——如果你的产品或服务无足轻重，你可能没有时间完成这套流程。但当你提供的是具有竞争力的东西时，那就要在透露价格之前多了解对方一些。从本质上讲，你是在做第一个出价的人。

但首先，你一定要询问对方的职位。你可以这样问："您是最终决策者吗，还是您需要得到上级的批准？"一般情况下，对方会告知你另一个人的名字。你要确保自己在介绍产品或服务时那个人也到场。

委员会拥有决策权

通常情况下，委员会拥有决策权，收集信息的人只是助理而已。当你发现这一点时，一定要向助理询问委员会主席的名字，然后问助理你是否可以直接跟主席谈。这招屡试不爽，因为以前可能没人问过助理这个问题。有时候，他们要先征得委员会主席的同意。

如果谈判对手认为你是唯一的决策者，这种情况也很棘手，因为你会丧失部分选择权。但别忘了，你手里的选择越多，主动权就越大。你可以跟对方说，你需要跟上级核实一下。换句话说，你要保留自己跟"上级"确认的权利，但同时也要避免对方拿"上级"来做挡箭牌。

从业40年来，我只错过了3次演讲。其中有一次，在我飞往拉斯维加斯做演讲的途中，芝加哥遭遇了雷暴天气，机场禁止任何航班起飞或降落。我和拉斯维加斯那边的会议策划人保持着联系。后来，当我得知航班要在原定演讲时间开始的3小时后才能抵达目的地时，我和会议策划人都一致认定我没必要继续前往拉斯维加斯了。

此后的第二周，我与会议策划人和协会的总裁通了电话。我同意退还演讲费，并自行承担机票费用。但会议策划人突然变得不讲理起来，她还想让我承担所有的音视频教材费用。尽管我的合同中没有损害赔偿条款，但我知道，如果我强硬地拒绝对方，只会使本已困难的局面更加不可收拾。所以，我搬出了挡箭牌。我对她说："我得和我的合伙人商量一下,然后再找你。"当时,我的合伙人就是我的妻子。虽然我的妻子肯定要听我讲述这件事,但她的意见不会影响最终结果。这个方法缓和了局面,最终,会议策划人和协会主席没有要求我赔偿教材费。

再强调一遍:如果可以的话,你要把自己的上级拿来做挡箭牌,但要想办法阻止对方这样做。除了上级以外,你的挡箭牌还可以是你的妻子、朋友或顾问。这是一种工具,你应该随时放在你的工具箱里,以达成更理想的交易。

▶ 方法 4
"4 步"处理客户投诉

如果你善于使用谈判方法,那么除了可以获得金钱收益,还可以迫使对方让步。你可以将其应用于生活中的很多领域,如安抚不满的客户或解决冲突。

客户不满时,会打电话过来投诉。大部分不满的客户可能会就此放弃你的产品或服务,永不再用。你甚至可能不知道个中原因是什么。但是,无知并非幸事。客户带给你的终身价值并不局限于一笔交易，它会在你和客户的关系中持续很多年。任何经常光顾你的优质顾客都能给你带来巨大的好处，他们愿意把自己的喜恶告诉你。你应该做出改变，以免客户将来再产生不满情绪。

有时候，顾客或客户可能表现得蛮不讲理，他们打电话过来，只是想埋怨不合理的事情。你在回应时，应该把他们当作进行正当投诉的客户或难缠的客户。

你和客户的对话可能会按以下方式展开。客户打电话过来说他们有多么不满，你倾听对方的抱怨，可能会反驳一两句。你想让他们知道，你的产品或服务很好，几乎没有人投诉。但这会让客户更加不满，因为你没有认真对待他们的投诉。此时，即使你做出了让步，客户也依旧不满，他们听不进你后面说的话。这时候，谈话偏离了轨道，客户挂断了电话。

我们前面探讨过，当客户对你的产品或服务感到满意时，他会把自己的美好经历告诉其他3个人；如果客户不满意，他会把自己的糟糕体验告诉其他12个人。而愤怒的客户可能会在社交媒体上让成百上千人知道自己的糟糕经历。不管客户遇到什么问题，让他们满意才是上上策。

令客户满意的4个步骤

以下是能让客户满意的4个步骤:

1. 倾听客户抱怨。
2. 询问客户希望你做些什么。
3. 协商解决方案。
4. 试探性提问。

下面,我们逐一讨论这4个步骤。

1. 倾听客户抱怨。询问客户的姓名以及你能如何提供帮助。不要表现出抵触情绪,尤其不要忽视客户的情绪。如果你体验过自己的情绪被别人忽视的感觉,就能想象得到客户有多么郁闷。这时候,你只能表现出同理心,对客户说:"发生这样的事情,我感到很抱歉。"或者说:"这肯定对您造成了很大的困扰。"至于用哪些表达感同身受的措辞,这并不重要,只要让对方觉得你理解他的感受即可。

在美国信托公司(US Trust)所做的一项研究中,有83%的受访者认为他们之所以购买基金,是因为销售人员对他们的经历感同身受;只有6%的受访者宣称,他们购买基金的原因是销售人员要求他们理解自己。在客户投诉期间，你尤其不能跟他们讲大道理或说服他们。千万不要尝试这样做。

2.询问客户希望你做些什么。 每一个感到不满的客户都觉得他们必须要证明错在卖家，因为只有这样才能得到赔偿。有时候，他们说的是实话，但有时候他们可能只是在捏造事实。无论哪种情况，他们的情绪都是激动的。在对话刚开始时，他们没料到你会询问他们如何解决这个问题。他们只是想漫无边际地提出一些理由，还没准备好这么快就达成一致。想想看，你并没有暗示他们能得到任何他们想要的东西，而只是试图让他们先提要求。在大多数时候，他们所提的要求远低于你愿意做的补偿。

3.协商解决方案。 带有情绪的客户已经先提出了要求，现在，你可以运用自己的谈判技能来达成妥协。如果客户的要求远低于你愿意给予的补偿，那就答应对方吧。这个方法通常是奏效的。有时候，他们只想得到一个道歉；而有的时候，他们只想更换自己购买的产品。

如果你不得不进行谈判，那就说："我觉得我无法……但如果我们可以……您觉得可以吗？"客户原以为你会提出狡辩的理由，却没想到你如此为他们着想，惊讶之余，他们的情绪也得到了宣泄。

4.试探性提问。在完成任何谈判之前,达成一致的意见是很重要的。客户想让你做某件事,而你提出另一种不完全符合他们要求的解决方案。也许他们会同意,但你仍然需要请他们就解决方案达成一致,并做出承诺。例如,如果你同意给对方替换有缺陷的产品,并且由你承担运费,你要询问对方是否对这个解决方案感到满意。

试探性提问是为了获得对方的承诺并询问对方是否接受谈判的结果。试探性提问的方式有很多种,比如,"如果我们可以……您觉得可行吗?"或者,"如果我跟我的经理汇报一下,让您得到X,这个解决方案您觉得满意吗?"如果你要跟客户谈判,最好提及你的上级,然后试探性地询问客户的意见。即使你确信你的经理会接受这一谈判结果,但试探性提问仍然很重要。

最近,我发现我的信用卡透支手续费变得很高,觉得肯定是银行弄错了,于是去开户行投诉。经理没在办公室,于是我把事情的来龙去脉告诉了出纳员。她说她对此爱莫能助,叫我联系总部办公室。看到她这么敷衍,我非常生气,对她说我要销户。

就在这时,一位经理刚好走到拐角处,问我发生了什么事。我告诉他，银行收了我36美元的透支手续费，这种事情不应该发生。我原以为他要跟我争论一番，可没想到他完全按上述步骤处理了我的投诉。他先为产生这些费用向我道歉，说肯定是他们的系统出错了。他问我想让他怎么做。我说："把36美元退给我就行。"然后，他试探性地问我："我要先核对一下账目。如果我能把钱退还给您，您能接受这个解决方案吗？"

我说："当然可以。"第二天，我查看了我的账户，那位经理果然履行了自己的承诺。他成功地挽留了一个客户。我能把这次经历写成案例，说明他的处理方式十分合理。

根据哈佛商学院的一项研究，相比于不满客户，满意客户忠诚的可能性要高出36%。但是，如果你成功解决了不满客户所面临的问题，那么该客户忠诚的可能性会提高83%。只需一个成功的解决方案，不满客户将比那些从未遇到任何问题的客户更忠诚。

下面是使用4步法解决客户投诉的另一个例子。

不满顾客：我刚收到你们公司邮寄过来的高尔夫球杆，握把是坏的。

客服代表：听到这个消息，我感到很抱歉。

不满顾客：我经常收到损坏的邮寄物品，真的让人厌倦了。这根高尔夫球杆我等了很长时间，本来想着这周就可以打高尔夫球的。周五我就要参加比赛了，可现在，球杆根本用不了。

客服代表：握把损坏了，我感到很抱歉。您希望我为您做些什么？

不满顾客：我只想要一根没有损坏的球杆。如果我能在周四之前收到的话，就可以参加比赛了。

客服代表：我先跟我的经理确认一下。但如果我能安排周四到货，这对您有帮助吗？

不满顾客：那简直太好了，谢谢你。

客服代表：我刚刚和经理确认过了，我们今天就把球杆寄出去。周四应该能寄到，这样您就可以参加比赛了。我们需要您在10天内把损坏的球杆寄回来，这样，我们就不必向你收取两根球杆的费用了。您觉得可以吗？

不满顾客：当然可以。非常感谢你的帮助。

想想看,这种互动是多么的流畅。客服代表对顾客的遭遇感同身受,并问顾客希望他做些什么。他提出要跟经理请示一下,但先提出试探性问题,以确保顾客对解决方案感到满意。顾客很满意,因为他可以在比赛中使用这根新球杆。一切都很顺利。现在,这位不满顾客未来与这家公司做生意的可能性增加了83%,仅仅因为他遇到的难题被成功解决了。

很多谈判方法也许超出了你的想象,而这只是其中之一。你可以在解决客户投诉、购买或出售产品,甚至化解与你的伴侣或朋友的冲突时使用它。你所要做的就是练习。光是看本书对你的帮助不大,你必须接受这些理念,并立即付诸实践。

▶ 方法5
探查客户需求

即使是谈判专家,也很容易忽略谈判的一个要素,那就是如何倾听对方的意见。别忘了,谈判的本质就是在达成交易的同时建立一种人际关系。跟你打交道的不是机器人,而是和你一样的活生生的人，他们有偏见，有担忧，有梦想，也有目标。

加利福尼亚大学圣迭戈分校的研究表明，信任的价值是某种产品或服务总价的17%。在销售环境中，如果你得到客户的信任，产品售价就可以提高16%，并且不会失去客户；而如果客户不信任你，只要竞争对手提供1%的折扣，客户就会离你而去。在谈判过程中，信任至关重要，因为信任不仅可以助你达成更理想的交易，还可以为未来的交易创造条件。

有效地探查客户需求是获取客户信任的关键。你与客户的关系越融洽，就越能获得客户的信任。探查需求的次数越多，你要试探客户的必要性就越低。你对客户的需求倾听得越多，就越不需要说服客户。探查客户需求能够解决一切问题。

探查客户需求是指专注地聆听客户想要什么。这种方法能让你的需求与对方的需求相吻合。如果你能有效地探查客户需求，就可以在任何时候与任何人做任何交易。

假设你想以最优惠的价格买一辆新的保时捷卡雷拉轿跑。卡雷拉很受欢迎，但大部分经销商都不太想卖这款轿跑，他们更愿意向你推荐保时捷卡宴。正常的谈判逻辑是这样的：首先，你要弄清楚经销商的发票价格是多少，然后提供一个他们愿意接受的价格。但是，如果你擅长探查信息，那么首先要询问经销商目前库存有多少辆卡雷拉，并发现哪辆车的库存时间最长；接下来，你要尝试找出销售人员最关切的事情，这件事极有可能促使他们与你达成交易。

例如，提出这些问题：与配有涡轮增压器的款式相比，帕拉梅拉4S是否不太受欢迎？卡宴S是否比标配款的卡雷拉更受欢迎？问完所有这些问题之后，你可以问销售人员，他们是否面临着销售压力，在月底前必须完成销售指标？了解到所有这些信息之后，你就可以在月底返回店铺，以较低的价格购买他们设法早点儿卖出去的那些款式和颜色不太受欢迎的汽车。

所有这些都来自有效的探查。如果医生不经过诊断就开处方，那他是在玩忽职守。如果你想了解客户的需求，可以采用一种叫作"五步沟通法"的方法。这是一种不带任何刻意的推销痕迹的销售方法，而且整个谈判过程和试探性提问都不露声色。你可以借助这种方法发现客户所想，并满足其需求。

五步沟通法

1. 破局。
2. 探查需求。
3. 复述要点。
4. 试探性提问。
5. 提出解决方案。

下面,我们逐一讨论这5个步骤。

1. 破局。首先,你要以提问来打破僵局。通过提问这种互动方式,你可以在最初的几分钟内对你的潜在谈判对手有更多了解。例如,假设你打算租一套公寓,准备跟房东谈判。你要做的第一件事就是在房东面前称赞他的公寓非常漂亮,而且维护得很好。你也可以称赞这套公寓的户型不错。

但接下来,你要开始询问那套公寓有多少个单元,入住率高不高,以及房东喜欢把房子租给什么类型的租客。虽然这些问题多数是标准化的,但任何信息都将有助于你满足房东的要求。房东受益,你也会受益,你将会达成一笔更理想的交易。

2. 探查需求（须查明3个需求）。根据美国信托公司的研究结果，如果你查明对方的1个需求，就有36%的机会达成交易；查明2个需求，就有53%的机会；查明3个需求，则有93%的机会。所以，如果你能发现对方的3个需求，就能促使对方做出更多的让步，并推动谈判更快地进行下去。

该研究还表明，如果一家银行（或其他卖家）给你提供1种产品，它有36%的机会留住你这个客户5年；如果向你提供2种产品，它有53%的机会留住你5年；如果向你提供3种产品，则它有93%的机会留住你5年以上。

"3"这个数字非常重要。人的大脑只能记住和保留大约3件事，我们会在24小时内忘记70%看到、听到和感觉到的东西。3天后，我们就忘记90%的事物。记忆有限且短暂，所以，我们必须将需求和概念限制在3个以内。

在研讨会上，为了验证该理论，我邀请听众做过一个实验。我先向听众念10个两位数的数字，然后要求他们既不能写下来，也不能以任何方式记录下来。念完数字后，我要求所有听众大声地自100开始往后数数。这时候，我随机抽查听众，问他们能记住多少数字。绝大多数人只能回忆起2个，而有些人只记得1个。多年来，我做过很多次这个练习，从来没人能记起5个数字。

如果你能查明客户的3个需求，你不仅要记住它们，还要利用它们来使谈判变得更有针对性、更有说服力且更简洁。对你来说，倾听别人宣泄情绪并从中探明其需求是一种挑战。你可以通过询问对方的需求来化解他们的情绪，比如这么说："您说这事很令人沮丧，但您具体指的是什么事？"房东可能会深入思考答案，然后说："我所说的令人沮丧，是指很多人负担不起这套公寓的租金。我希望能把这些负担不起的人迅速筛除掉。"因此，租客如果有能力负担租金，就能减轻房东的沮丧感，满足他的这一需求。

3.复述要点。83%的人之所以购买某款产品，是因为他们觉得卖家理解自己的需求，只有6%的人购买产品是因为觉得卖方要求他们理解自己。这两种效果都能通过复述要点达成。出色的心理治疗师会倾听并复述客户说过的话，而最优秀的治疗师更是能一字不落地复述客户的话。例如，他们会说："如果我没听错的话，你因为孩子对你缺乏尊重而感到沮丧。我说的对吗？"

我们在谈判中也可以使用这种方法，比如可以这样复述："如果我没听错的话，你感到很沮丧是因为潜在租户往往付不起房租。还有,向租不起房子的人介绍这套公寓纯粹是浪费时间,而且做不必要的信用记录审核非常麻烦。我说的对吗?"

通过使用"复述要点"这一方法,你可以让对方感觉自己被理解了。谈判不仅仅是为了达成最好的价格,也是为了解决问题。如果你能找出问题所在,就能达成更理想的交易,并建立一种更牢固的人际关系。

想想看,这种技巧在你的日常人际关系中可以发挥多么大的作用。要是你的伴侣为某件事情担忧,你该怎么办?你用几分钟的时间聆听对方讲述问题,然后把这些问题分解为3个需求。有时候,你的伴侣需要的是解决方案;而有的时候,对方只需要你聆听其心声,并表现出同情心与同理心。但是,如果你复述对方话语中的内容,对方会感到自己被理解,并且感激你助其渡过了生活中的难关。

我曾对我的部分男性客户开玩笑说,五步沟通法简直就是"少女杀手"。我的很多单身女性朋友反映,男人从不太听她们说话,他们只谈论自己关心的事,却不真正关注约会对象的担忧。而如果男人聆听约会对象的心声,了解对方的3个需求,并复述其中要点,这种男人就立刻充满了魅力。有些女性朋友甚至让我把这些方法教给她们的丈夫，我听后大笑不已。但是，如果伴侣没有使用这些方法去倾听你的话，那确实是件令人同情的事情。

4.试探性提问。这一步是在你提出解决方案之前，先让对方想办法解决问题。你要复述对方的3个需求，并询问对方是否愿意听你讲讲如何达成解决方案。最重要的是，在提问题时，你要表现得优雅，比如这样说："如果我们能谈论更多关于……这会对您有帮助吗？"或者你可以说："如果我们可以深入探讨如何才能让这个过程不那么令人沮丧，房东女士，这样会让您觉得有益处吗？"

这种方法既可以让对方明确表态，也可以发现对方的需求是否重要。几年前，我参加了一场网球双打比赛。赛后，我和搭档在酒吧里小酌，搭档对我说："你是商业心理学家，对吧？"

"是的，事实上，我还写书，并且到世界各地演讲。"

"我手下有一个销售员，很笨，经常迟到早退，还招惹其他员工，而且完成不了他的销售目标。"

"让我先把这个问题理清，"我说，"你有个销售下属，总是迟到早退，招惹其他员工，而且销售目标又完成不了。是吧？"

"非常正确。"

然后,我试探性地提问:"如果我们想一个办法来对付这家伙,这会对你有帮助吗?"他看着我说:"没事,我很好,来杯啤酒吧?"

也就是说,他不想解决这个问题,而只是想发泄一下情绪。也许他只是想让我听他发牢骚,表现出同情心,这些我都做到了。我原本想跟他探讨如何运用"三步法"去训斥那名员工——如何通过表扬来塑造员工行为,以及如何运用项目管理中的关键路径理论,甚至如何激励员工表现得更好。但由于他不想解决问题,所以我只是笑了笑,继续听他说话。

5.提出解决方案。一旦你发现了需求,就要马上复述要点并试探性提问,为对方量身定制一套解决方案。你的意见仅限于满足对方的3个需求。人们一般容易把自己知道的信息一股脑儿地和盘托出,但这会让对方困惑,而困惑会使对方产生获取更多信息的渴望。当这种情况发生时,对方会陷入束手无策的状态。为了避免做出错误的决定,对方干脆什么也不做,直接退出谈判。

所以,无论进行什么样的谈判,你都要做到:倾听对方的3个需求,复述你听到的内容,并询问对方是否需要一个解决方案。我们可以称之为"基于需求的谈判",因为进行谈判不仅仅是为了达成一笔交易，还是在建立一种可能涉及金钱的人际关系。

现在，我要布置"家庭作业"了。请尝试在自己的伴侣、孩子或朋友身上使用五步沟通法，发现他们的3个需求，然后复述要点，接着试探性提问。五步沟通法的窍门是在沟通过程中保持优雅，这将是你在销售、管理或任何形式的谈判中学到的最重要的沟通技巧之一。

发现对手的决策策略

如果你知道谈判对手的决策策略，这是否对你有帮助？如果你能弄清楚对方如何出价和如何还价，你的谈判是否会变得更顺利，利润也更丰厚？

有些问题的答案就存在于过去的行为当中，我称之为"即时回放"。"即时回放"的基本概念建立在"人本性难移"这一观念的基础之上；从一个人的过往行为中，我们可以预测他未来会做出何种行为。你或许凭直觉就能理解这一点。事实上，伟大的发展心理学家让·皮亚杰（Jean Piaget）也得出过这样一个结论：人的性格在2岁到7岁之间定型。我们可以在7岁以后学习技能，规范行为，甚至变得更加自律，但我们性格当中的基础核心在7岁时就已经完全成型了。

人们用数据验证了这一理论。调研结果显示，美国人的第一段婚姻在10年内离婚的比例约为62%，那你知道第二段婚姻在10年内的离婚率吗？比这要高得多，78%的第二段婚姻以离婚告终。说句玩笑话，这是因为离异者把原来的自己带到了第二段婚姻之中——换言之，人们结束了第一段婚姻并进入第二段婚姻后，没有做出任何改变。除此之外，还有其他因素。十几岁的孩子往往会憎恨继父或继母，尤其是在生父或生母宠爱子女而轻视配偶的情况下。但总的来说，如果一个人在第一段婚姻中习惯制造麻烦，那么这种行为很可能也会出现在第二段婚姻中。

酗酒者戒酒后，称自己"正在康复"，而不是"已康复"。他们意识到酒瘾是真正的问题所在，并已深深根植于他们的人格当中，他们能应付酒瘾，却无法改变自己。

蝎子与青蛙的寓言故事就阐明了这个道理。蝎子求青蛙背它过池塘，青蛙说："不行，如果我背你，你就会蜇我，我就会被淹死。"

蝎子说："这样会把我们俩都淹死，我为什么要这样做？"

青蛙同意了。蝎子跳到青蛙的背上。半途中，蝎子蜇了青蛙，青蛙快要淹死了，它说："看，你现在把我们俩都淹死了。"蝎子回答说："我忍不住啊，这是我的天性。"

如果你能发现对方过去是如何做决定的，就可以假定他们会复制这个过程。例如，如果你正在跟一位想买车的客户谈判，你可以问对方，他最近购买某个品牌的产品时是如何做决定的。如果对方回答说他看重的是价值，那千万不要感到困惑，而是要深入挖掘信息，多问一些问题。他看重的价值是意味着价格，意味着延长保修期，还是意味着车型的生产年份？

反过来，买家可以问销售人员，他们通过什么方式完成了上一笔交易？也许不是靠低价，也许靠的是保修服务、车评，甚至是交车的速度。

假设你正在和酒店大堂经理商谈客房价格问题。你可以开门见山地问经理，他是如何定折扣价的。是根据客人住多少晚吗？深夜订房的话，价格是否会更便宜？

假设你要买房子，你可以问卖家，他们对上一个看房的买家有什么看法。决定卖家态度的有可能是买家开设第三方托管账户的速度，也可能是买家是否会照顾好这处房产。当有人想卖宠物时，买家是否会照顾好宠物这一问题是最重要的。

你可以看到，探查需求和倾听对于达成你想要的交易至关重要。情商是一种方法，能使任何谈判都变得更容易成功。高情商的谈判者懂得倾听、探查和理解谈判对手。我有个客户叫彼得，他和另一个人进行了一场测试情商的角色扮演。他问："你喜欢这种方法吗？"

那个人说："也许吧。"

我问彼得："你觉得他说的'也许吧'是什么意思？"

彼得认为对方喜欢这种方法。我又问那个人，他想表达什么意思。那人说："我听到了他说的话，但我并不十分认同这种方法。"在谈判的过程中，除非你能很好地倾听对方说的话，读懂字里行间的真正意义，提出有说服力的问题，否则谈判就会变得困难重重。

假设法

倾听和发现对方需求的最佳方式之一就是让对方把自己的需求说出来。假设法能助你发现对方的真实需求以及他们是如何决定达成协议的。这是一个非常复杂的心理学工具，很少有谈判者知道如何使用它，其应用的原理如下：

"假设我们就此达成了一致,是哪些事情让你知道这是一笔成功的交易,而且你得到了自己想要的东西?"

如果你在跟一位售房者打交道,对方可能会说:"合适的价格很重要,但我迫切地想在3周内完成这笔交易。我们要搬到别的州去住了,我们在那里买了一幢新房子。如果交易时间不太长,那就再好不过了。这是我们的婚房,所以我们想把它卖给一个好家庭,希望他们会像我们一样,在这里享受人生,这一点也很重要。"

作为一个高情商的谈判者,你会问对方:"您所说的合适的价格,指的是什么样的价格?您买的这幢房子在哪里?您所说的好家庭,指的是什么样的家庭?"

你已经学到了不少方法,所以,你可以采用五步沟通法了。你可以回顾一下这3个需求,然后对卖家说:"如果我没听错的话,您说的是……我说的对吗?"

现在,你已经知道如何试探性地提问了,所以你可以说:"如果我们聚焦于……对你来说,哪个才是正确的方向?"

最近,一个团体邀请我发表4场演讲,我与对方就演讲事宜展开谈判。在我们讨论价格之前,我问对方:"假设演讲已经结束,是什么事情能让您知道您的所有目标都实现了,并且我们在此过程中保持着良好的关系?"

会议策划人说:"与会者提高了自己的订单成交率,更有效地管理了自己的时间,而且演讲者的调研工作做得很好,使得整个团队的人都把自己视为公司的一分子。"

我复述了这些需求。接下来,我试探性地问道:"如果我们能完成这些目标,您认为这个演讲成功吗?"会议策划人很兴奋,她说:"如果你能做到所有这些事情,想收多少演讲费都可以。"她还以开玩笑的口吻补充道:"但是,这个费用一定要合理。"

通过假设法,我得知价格不是对方最看重的因素,其实有些细节比我的演讲费要重要得多。当我让会议策划人用语言描述她真正想要的东西时,价格就变得不那么重要了,谈判也更容易进行下去。

谈判不仅仅关乎策略、回应和规则,也关乎人、情感和同理心。就像所有的人际沟通一样,你必须在一定程度上成为心理学家,才能得到你想要的结果。

我听说这些方法能激发人的操纵能力。其实,所有的沟通和基于行为的方法都可以发挥操纵作用,这取决于方法使用者的意图。如果你想操纵、摆布对方,可以恶意使用这些方法。但问题是，绝大多数人对被操纵都很敏感。如果你想以不道德的手段使用这些方法，就会引起他人的怀疑，让你得不偿失。如果你真诚地使用这些方法，更有效地理解他人，就能发现对方的意图和动机，并帮他们更有效地实现他们的目标。

▶ 方法6
对异议做出回应

你是否听到过别人提出异议，而这个异议还是令你无法反驳的？又或者，你刚回应了一个异议，结果对方又提出了一个？异议往往与细节有关，而唯有着眼于大局，双方才能达成一致。你的目标是让客户持续关注结果，或者思考你的产品或服务会为客户带来什么好处。

爱的对立面是什么？不是仇恨，而是冷漠！如果某个人憎恨你，他在情感上仍然是投入的，只不过是以一种侵略性方式表现了出来。若把情感比作一枚硬币，那恨和爱就是这枚硬币的两面。但是，当人们不跟你说话或忽视你时，这段关系就彻底破裂了。

所以，我们要欢迎别人提出异议。我们希望别人把自己的喜恶告诉我们。对方有异议，只表明对方要求我们提供更多信息。如果他们肯提出异议，那就意味着你还没被淘汰出局。当他们不再跟你说话时，那你就完了。我常在演讲中跟听众开玩笑说，当你的配偶朝你怒吼、咆哮和显得很沮丧时，他们只是在表达自己的情绪；而当他们不跟你说话的时候，那就是在和律师商谈如何跟你打离婚官司了。客户之所以提出异议，通常是因为他们担心你不可靠、产品不够好、服务不周到，或者认为这笔交易不是最理想的。所有异议都源于客户对你的信任太少。

求助上级

如果谈判对手要求助上级，则意味着你可能没有跟合适的人谈判。获得异议最快的方法之一就是要求那些没有决策权的人让步。你要尽快促使决策者参与到谈判进程中，这是推动谈判取得成功的基础。

如果你和没有决策权的人谈判，对方可能会说："我要跟老板确认一下。"或者更糟糕的是，他们也许会直接拒绝你，却不说明任何理由。正因为如此，在要求对方让步之前，你必须对他进行提问和探查。

以"上级"的名义提出异议还有一种方式,对方可能会说"我得征求我爱人的意见"。我们之前已经探讨过如何应对这种情况。

深入探查对手的需求

大多数时候,谈判会因为双方缺乏信息沟通而破裂。一方不了解另一方的需求,原因就在于缺乏倾听和探查。对于小规模的谈判而言(如小额购买一个物件),就算缺乏倾听,也可能问题不大。但是,当你谈判的目标是购买汽车、电脑系统或房产时,最好能非常深入地了解对方的需求。

J. 道格拉斯·爱德华兹(J. Douglas Edwards)是过去50年里最优秀的商业传播思想家之一。他一直倡导人们多提问题,深入了解谈判对手的需求,让双方都意识到对方想要什么。

20世纪60年代,J. 道格拉斯参加了迈克·道格拉斯(Mike Douglas)主持的脱口秀节目。迈克·道格拉斯比奥普拉·温弗瑞(Oprah Winfrey)和杰里·斯普林格(Jerry Springer)还要早出道几十年。那时他节目现场的背景墙上点缀着雏菊的图案,看上去就像典型的60年代的舞台。迈克·道格拉斯与节目嘉宾之间有一张小桌,此君烟瘾很大，他把一只大烟灰缸放在了桌子上。

当J.道格拉斯应主持人的邀请上场时，观众席上掌声响起。迈克示意J.道格拉斯坐在自己旁边，并对他说："我听说你是世界上最好的商业谈判高手。"

J.道格拉斯说："过奖了，谢谢你。"

迈克说："要不，你试试把这只烟灰缸卖给我？"

J.道格拉斯说："就是那只烟灰缸吗？"

"是的，你有7分钟时间，我们7分钟之后进广告。"

J.道格拉斯说："迈克，这烟灰缸有什么你喜欢的地方吗？"

"我喜欢它够重。在播广告的时候，我要看便笺纸上的一些内容。这烟灰缸正好用来压住便笺纸。否则的话，当冷却器打开时，便笺纸就会被吹走。"

"这烟灰缸还有其他值得你喜欢的优点吗？"

迈克说："我喜欢最上面的凹槽。我希望我的香烟能放在凹槽里，不要掉到桌子上。我怕香烟会把这里烧掉。"

"关于这烟灰缸,你还喜欢它什么,迈克?"

"嗯,它是绿色的,那是我最喜欢的颜色。"

J.道格拉斯最后说:"你愿意花多少钱买这只烟灰缸,迈克?"

"我不知道,5美元?6美元?"

J.道格拉斯说:"成交,它是你的了。"

难道谈判不都应该这样进行吗?首先,你要了解更多关于对方的信息,发现他们的目标和需求,找出他们真正想要的东西,然后帮他们成功地获得这样的东西。谈判不是零和博弈,非要分个高低输赢不可;谈判是倾听,探查,获得信任,并最终达成一个对双方都有利的结果。

人质救援

市面上关于人质救援谈判策略的书籍浩如烟海。在绝大多数的人质救援场景中,绑匪会率先提出要求,然后,警方的谈判代表询问绑匪的目标、担忧、不满、焦虑以及最终结果。在一场成功的谈判中,谈判者会倾听和探查对方的心理焦虑和需求,这就是心理学家往往能成为最优秀的谈判者的原因。他们训练有素,懂得聆听话外之音和感知言语中夹杂的情绪。如果联邦调查局能让绑匪专注于获取心理上的解决方案以及如何摆脱内心的痛苦,谈判往往会取得圆满的结果。

如果是索要赎金的专业绑匪,尤其是国际绑匪,那这种情况就比较麻烦了。在电影里,我们经常看到这样的一幕——绑匪绑架了心爱之人,并提出了巨额赎金要求。优秀的谈判专家能让绑匪相信赎金是合理的,但他们需要获得更多的信息。

谈判专家要了解绑匪的组织、目标、对不公正现象的看法以及愤怒的情绪。谈判代表永远不会与绑匪争论或令对方提出异议,他们在探查绑匪需求的同时,还会与绑匪建立起融洽的关系和一定程度的信任感。也许他们能让绑匪释放人质,或至少降低赎金金额。最后,谈判专家通过倾听和提出正确的问题完成了一场成功的谈判。

风险与回报比

风险与回报比是对方在谈判中提出异议的另一个原因。举个例子,你想以3.5万美元的价格把家里的一辆1956年产的雪佛兰汽车卖掉。然而,买家可以从一家汽车经销商那里以3.7万美元购得这款车，而且经销商还能提供1年质保。虽然两家报价很接近，但由于经销商提供保修，所以他的优势更大些。你给出的交易条件不够优厚，不值得让买家冒风险从私人手里购买一辆车。

尽管对方对风险与回报比存在异议，但从另一方面来说，这种异议有利于对方。你是否也在帮他们实现目标？他们从与你的谈判中获得了什么好处？你是否只要求对方在价格上做出让步，却没有给予他们回报？

融洽的关系是否已经破裂？

有时候，当谈判的一方固执己见或双方融洽的关系破裂时，谈判就会变得寸步难行。正因为如此，人际交往技巧在达成理想谈判结果的方面发挥着关键作用。

在非洲的赛伦盖蒂平原上，汤氏瞪羚比任何捕食者都跑得更快。它的角很长，呈螺旋形，能让其直立后的身高达1.5米到2.5米。瞪羚的奔跑速度极快，当被狮子、鬣狗或豹子追赶时，它能跃到3米高，尽管跳跃动作会使其奔跑速度变慢。

瞪羚的奔跑速度可达每小时117公里，唯一能追上它的动物是猎豹，后者的瞬间爆发速度可达每小时120公里。

猎豹的攻击距离约为180米。有时候,猎豹可进入距离瞪羚90米的范围之内,而瞪羚只是抬头看了看,然后看向地面继续吃草;而有些时候,当猎豹距离瞪羚270米时,瞪羚竟会因受到惊吓而迅速逃跑。造成这种不同结果的原因是,当猎豹的耳朵下垂时,代表它们正在猎食,瞪羚也知道这一点。

如果你变得爱操纵他人、强势或咄咄逼人,你就会把"瞪羚"吓走,你的谈判将会以失败告终。即便谈判变得压力重重,你也要与对手保持融洽的关系,并控制你的情绪,这一点至关重要。

"现状偏好"——害怕做出改变

有时候,谈判的另一方是害怕做出改变的,他们害怕冒险。这被称为"现状偏好"。当谈判的一方更愿意与他们熟知的人谈判,或者可能对产品或服务不够熟悉时,这种偏好就会显露出来。比如,某人从未使用过某个品牌的高尔夫球杆,或者刚从用Android系统改为用iOS系统(尽管苹果公司的产品名声在外,但他在过去10年里只使用过Android)。

这些都是现状偏好惹的祸,换言之,就是人们害怕做出改变的结果。受现状偏好影响的人是导致产品或服务价格上涨的原因。假设在过去的10年里,你一直开的都是通用品牌的汽车,并且拥有长期使用该品牌的经验。现在,你想买一辆通用公司产的新型号汽车,你愿意多花7500美元。如果你在过去的10年里一直开梅赛德斯-奔驰,现在想买一款新的梅赛德斯-奔驰车型,那你将平均多花1.5万美元。

芝加哥大学曾做过一项心理学研究,研究人员要求学生们从4种投资方式中选择一种。其中一种投资方式是股票,其风险略低于标准普尔指数;第二种投资方式同样是股票,但风险比第一种高出20%;第三种是地方政府债券;第四种则是普通债券,价格稍高一些。所有学生都做出了选择。在做出决定后,他们被告知自己已拥有现有投资组合中的一项投资。56%的学生选择继续保留他们所拥有的投资。

这正是我们很多人在谈判时做出错误选择的原因之一。凯茜是我辅导的一位客户,在2008年的金融危机中,她身边一位75岁的退休女士的退休金投资组合损失了35%的资金,而且已经有10年没见过自己的理财规划师了。凯茜研究了一下这位女士的投资组合,发现对于如此年纪的女性来说，这种投资组合风险太高，于是她重新调整了投资组合，使其变得更加安全，收益率也有所增长。这位退休老人非常感动，她告诉凯茜，她第二天就会来签署所有更换账户的文件。

第二天，这位75岁的退休老人回来了。在现状偏好的作用下，她打电话给10年没联系过的理财规划师，规划师告诉她不要更换账户，于是她告诉凯茜，她不想变动自己的账户了。就这样，现状偏好促使我们做出了错误的决定。我们都厌恶变化，即使改变是最合乎逻辑的选择，似乎也令我们感到不自在。

对于更年轻的人来说，当投资遇到损失时，最好的做法是等待投资恢复到以前的水平。然而，当退休金账户需要增加收入、但金额已经较少的情况下，投资组合的损失可能预示着老年人的寿命面临风险，或者退休人员到了某个时刻手里没钱，需要完全依赖养老保险。

应对强烈异议的9个步骤

以下状况中，你经历过最多的是哪一种？你因为自己太咄咄逼人而导致对方提出异议了吗？你会跟没有决策权的人谈判吗？你问的问题是否太少，因而无法准确地了解对方的目标和决策策略？在谈判过程中，若对方提出异议，可以采用以下9个步骤来应对。

1. 找到对方提出异议的真正原因，让对方无法继续拖延下去。

当有人说他想考虑一下时，这并不构成异议，只是一种托词而已。我们已论述过拖延所带来的问题。当对方说他想考虑一下时，这往往是一种拖延方式，你最终还是要浪费自己的时间去催他们。谈判结束后，对方会忘记70%~90%讨论过的内容，且根本不做任何决定。然后，你必须多次打电话给对方，重新跟他们建立联系。

问题是，你每次主动联系他们都是需要成本的。每次打电话和发信息，你都要花大约10分钟的时间。当你遇到谈判对手说自己想思考一下时，如果你每小时能挣60美元，这就好比把一张10美元的钞票扔进垃圾堆。直接说"不"难道不比浪费时间好吗？你要让对方给你肯定或否定的答案，而不是一个模棱两可的答案。这个问题的解决方案就是让对方亮明态度。

以下就是让对方亮明态度的方法。为了防止对方拖延，你可以在演讲前跟对方说："如果您认可这个想法，我希望您能定下来。如果出于某些原因，您不喜欢这个想法，也可以直接拒绝我。但我希望您不要说'给我几个星期考虑一下，我晚点再找你'，因为这相当于告诉我，您没有足够的信息来做出明智的决定。即使您说'不'，我也不会难过。您觉得这样可以吗？"

你提出报价之后，可能发现对方仍想在做决定之前和你再谈一谈。这时候，你就要运用"布吕克纳谈判技巧"（Brueckner technique）。该技巧是我的客户汤姆·布吕克纳（Tom Brueckner）发明的。他提出报价之后，不等对方回复就要离开会议室。离开之前，他对客户说："我要去签几份文件，马上就回来。要不我给您弄杯咖啡或多加点儿水？"

然后，汤姆走到前台那里，和接待员聊天，问她周末过得怎样。3分钟后，他返回会议室，问客户："我们谈到哪里了？"这个方法的妙处在于，它给了对方思考的机会，使对方无法以"我想考虑一下"作为借口。

还有"100%与30%法则"。你可以问对方："您想根据100%的信息还是30%的信息来做决定？因为您离开了会议室后，就会忘记我们所谈论内容的70%。我们现在还记得100%的信息，不如趁热打铁，把问题谈清楚，岂不是更好？"

另外,还有"提醒对方亮明态度法"。这是防止对方拖延的最后一个办法,目的是提醒对方,让他记得自己已经同意做决定了。你可以这样问对方,"我只是有点好奇,您最担心的事情是什么?",或者,"什么事情最让您担心?"如果对方也不知道答案,那就给对方建议一个反对的理由,例如,"您担心费用是吗?"重要的是,你可以从对方那里发现他提出异议的真正原因,这样,你就可以与对方开诚布公地谈。如果你让对方一直拖延下去,通常是无法把产品卖出去的。

下面,我们再来举例说明这一点:

谈判者1:这真是个好主意。我想在周末跟我的妻子聊一聊,然后回复你。

谈判者2:没问题,慢慢来。但上周我提到过,如果您不喜欢我们的计划,您可以直接告诉我。如果您觉得我们的计划可行,也可以直接告诉我。所以,我只是出于好奇地问一句:您最担心的事情是什么?

谈判者1:没有什么可担心的,我只是想跟我的妻子谈一谈。

> **谈判者2**：是时间太长吗？还是您手头资金紧张？是不是将钱投资在其他领域得到的回报更大些？

2. 听对方把话讲完。

不要打断对方讲话。谈判者犯的最大错误之一就是自认为知道对方在想什么，通常情况下，他们一直喋喋不休，根本不听对方说话，这会让对方感觉自己没有被理解。他们所听到的并非对方的真实想法。

在你回应对方之前，要确保对方知道你仔细听了他们所说的话。如果对方认为你没有在听或者你已经有了答案，就算你问对方担心哪些问题，对方也不会做出回应。

多年以前，我与一位会议策划人商谈演讲费用。这位会议策划人说："我们是不会付那么多钱的，这超出我们的预算太多了。事实上，去年我们和一位演讲者合作，对方只收了500美元，他是我们公司总裁找来的。"

我迫切想证明我的演讲费是合理的。我想告诉会议策划人，知名演讲家齐格·齐格勒（Zig Ziglar，又译为金克拉）的演讲费是2.5万美元，莱斯·布朗（Les Brown）的演讲费是3万美元，托尼·罗宾斯（Tony Robbins）的演讲费是5万美元,她怎么会觉得我的演讲费不太合理呢?但是我没有把这些话说出口。

会议策划人突然话锋一转,说:"当然,去年的演讲者表现不佳。他告诉我们他会在演讲中讲述一些"干货",但实际上并没有这样做。整场演讲枯燥乏味,部分听众在中途就离场了。我想,这就是'一分钱、一分货'吧。好了,您6月17日有空吗?"

如果我反驳了那些我认为不合理的评价,就会扼杀这场谈判。由于我耐心倾听对方说话,并表现出了同理心,她放弃了胡思乱想,回到了谈判进程中,并得到了对我们双方都有利的结果。

3. 以柔和的态度接受异议。

让对方知道你理解他们所说的话,并表现出同理心。一定要竭尽全力地表达共情。当你在回应对方时表现出理解对方的样子,对方听了你的回应,可能就会觉得自己担心的问题不那么重要了。

谈判者1:这样做的话,我们的利润会很微薄,我不确定是否能给你这个价格。

谈判者2：我明白，这也是我担心的问题。您已经尽力了，您不希望牺牲所有利润，我完全明白。

4. 询问对方产生异议的原因。

我之前提到过，你听到的异议可能不是对方真正想要表达的意思。所以，必须要让对方阐明他们的真实想法和意图。否则的话，你的回答可能牛头不对马嘴，谈的也是对方不关心的话题。

你要问对方："您是否担心X呢？"例如："我知道价格对您来说是个问题，您是否担心价格呢？"

多年以前，有位客户质疑我的演讲费用太高（事实上，演讲费一般都是我与对方协商过的），对方直截了当地提出："你的演讲费太高了。我们负担不起。"

我有点不礼貌地追问道："我的演讲费太高是什么意思？"

令人惊讶的是，会议策划人没有生气，而是解释说："我不是说你的演讲费高，而是机票费高。去年的演讲者收的演讲费跟你一样，但他还要我们报销从洛杉矶到纽约市的头等舱往返机票费用，光机票费就是3500美元。这样的费用我们负担不起。"

通过质疑异议,我发现对方关注的重点不是演讲费,而是机票费。我向对方保证说,我的差旅费要低得多。最终,对方把我定为这场活动的演讲者。

哪怕对方的异议听起来干脆爽快,过于直接,你还是要询问对方原因。也许它并不是对方真正想要表达的意思。

> **谈判者1**:您是否担心钱的问题?
>
> **谈判者2**:钱不是最大的问题。2009年,我在一家医院的重症监护病房待了3周,之后又在普通护理病房住了1个月。尽管我有医疗保险,但还是要支付近1.5万美元的免赔额和共付额。我只是不想再陷入遇到紧急情况就要四处筹钱的困境了。

5. 回应异议要分轻重缓急。

当你回应某个异议时,另一个异议往往得不到回应。你要问对方:"这是你最担心的事情,还是有其他更重要的事情?"这个问题将确保你只回应对方的一个重大异议。

有一次,我的一位客户和我约好了培训时间,但他迟到了，原因就是他一直在与自己的客户就好几个异议争论不休。几个小时后，他的客户终于点头同意了。我问他是不是强行迫使客户屈服的。"你可以强迫对方做出决定，"我说，"但这笔生意可能第二天就黄了。"事实确实如此，他的客户放弃争辩和点头同意只是为了抽身离去而已。

下面我们继续扩展一下前面举的例子。

谈判者1：您面临的最大问题是想保留一定的流动资金和不想在遇到紧急情况时四处筹钱，对吗？或者您还有什么比这更重要的难题吗？

谈判者2：没有，就这两个问题。我只是希望在遇到紧急情况的时候手里有钱。

6. 确认决策标准。

现在，我们再谈谈如何回应对方的假设，这是谈判时回应对方异议的最重要的一步。答案就来自你在探查阶段所发现的信息。当我们探讨假设法时，我们问对方："让我们假设一下，在未来3年里发生什么样的事情会让您觉得一切都很顺利，而且我们还保持着良好的关系？"

对方给了你3个答案。你探查到了对方的需求，然后复述要点，试探性提问，获得对方实现这些目标的承诺。现在，你要把这一切都带回谈判中。

如果你通过假设法发现客户想在60岁时退休，你可以用以下这番话复述客户的需求："我知道，您觉得费用太高了。您不是告诉过我60岁退休很重要吗？现在您是否仍然觉得这是件重要的事情？"这也将有助于让客户重新关注重点问题。

> **谈判者1**：上周我们开会时，您说过您有3个非常重要的目标。首先，您不希望退休后没钱花；其次，您想降低收益的波动性，也就是说，您不希望自己的投资组合再有任何损失；最后，您想给自己的孩子留下一份遗产。在您看来，这些事情是否依旧很重要？
>
> **谈判者2**：是的，非常重要。

7. 用逻辑回答问题，用故事阐明道理。

给对方讲故事，让他知道另一个人也有同样的担忧，并说明你是如何帮那个人的。你越能让对方认同故事主角的经历，这个故事带来的效果就越好。

无论在哪种谈判中,故事都能发挥3个作用。第一,它使概念更容易被理解;第二,它会让你的观点更容易被人记住;第三,人们在难以单独理解概念的情况下,更容易在情感上与故事的观点产生共鸣。

故事之所以如此有效,还有另一个原因:人在55岁以后,吸收技术细节的效率往往比年轻时要低得多。我读博时从不在课堂上做笔记,而是回家后再把3个小时的课堂内容写下来。我的成绩经常拿到A。现在,我快70岁了,走进洗手间时会经常忘记自己要做些什么。这个例子可能有点夸张,但我只是为了说明一点:人们对故事的印象深刻,却很难记住概念。

下面,让我们继续前面的例子:

谈判者1:嗯,我知道,对您而言,留有足够的钱以备不时之需是件很重要的事。无论是谁,只要有过跟您类似的经历,都会感同身受。把您投资组合中的一部分钱用作流动资金也许是个不错的选择,比如说拿出1.5万美元,这样就可以满足您的其他需求。在您有生之年,您的资金可以保持稳定,降低波动性,并给您的孩子留下一笔遗产，同时也为将来的不时之需做好了规划。

2008年金融危机期间，我的一位客户的投资组合失去了近45%的资金。和您一样，她也身患疾病，这种病改变了她的一生。她有心脏病，有一次发病差点让她丧命。除此之外，她还中过风，但不太严重。即使到了今天，您仍能看到她说话时嘴巴是歪的。可是，她仍然要为20年的退休生活做好规划，以免成为孩子们的负担。她的年纪已经很大了，可以参加老年人医保计划了，而且还有一份额外收入。我们将她的投资组合中的1万美元作为应急流动资金。她可以随时使用这笔钱，然后把剩余90%的资金投入到我们现在所谈论的稳健投资中。

那是在2008年。她手里有应急资金，但她从来没有动用过这笔钱。她的稳健投资组合正在增长，且增长部分的积累速度越来越快。她现在心里很安稳，因为她知道无论发生什么紧急状况，她都有一笔缓冲资金。这就是我想向您推荐的投资方式。

8. 试探性提问。

试探性提问旨在核实你是否已经解决了问题,它起着关键的作用,不仅可以让对方明确表态问题已经得到解决,还可以用来试探对方的态度。

你可以问对方:"您现在感觉好多了吗?"或者:"我是否解答了您的困惑?"又或者:"我是否解决了您担心的问题?"你甚至可以说:"这是否对您更有利?"

永远不要问对方是否还有其他问题。你已经回答了一个异议,不要再无中生有了。

> **谈判者1**:我是否解答了您的困惑?
> **谈判者2**:是的,我觉得这方案也许可行。

9. 成交。

在你成功地回应了对方的异议之后,就是成交的最佳时机。这个时间点不是在试探性提问之后,而是在你切实解决了对方担心的问题之后。成交时的结束语应该是假设的,内容以订立协议为主。如果对方没有打断你的结束语,那就意味着他们同意了这笔交易。

一旦你进行了试探性提问且对方接受了你的报价，那就立即把交易以书面协议的形式确立下来。如果要订立合同，必须确保合同由你来编写。如果对方要求付款之后开收据，那就马上给对方开收据，不要把这些事情留到明天再做，否则你就会面临客户拖延的风险，不要给对方留有任何拖延的机会。你已经扫清了所有障碍，消除了所有拖延的借口，因此，不要再给对方拖延的机会了，务必使双方当场达成协议。

▶ 第 4 章

进阶：捕捉信号，建立信任

我听说"信任"一词的功能释义是"别人相信你会做对他们最好的事情",而信任缺失就意味着别人不相信你会做对他们最好的事情。如果没有信任,你会拒绝纽约街头的一个陌生人给你的100美元钞票,因为你觉得这是一个陷阱。信任就是一切。有了信任,别人会对你言听计从;没有信任,你将一事无成。

信任是谈判的重要组成部分,因此,本章专门论述如何在谈判中建立和维持信任,让你的谈判能力更进一步。你不仅将知道如何获得信任,还能学会在谈判的各个阶段验证自己获得了何种程度的信任。你将学会如何在对方表达自己的想法之前,从各种蛛丝马迹中解读对方的心理。当对方撒谎时,你能察觉出来,从而有的放矢地提出问题。你将学习如何推动谈判取得预期的结果，同时还将学会如何让步。你甚至可以学到最有说服力的词语，以及如何适当地使用它们，以实现有利于双方的谈判结果。

▶ 心理优势 1
让对方知道你可以兑现承诺

能力很重要，信誉也很重要，但很少有客户仅凭这两点就向你购买产品。你还要向客户传递这样一个信息：你也有能力做最有利于对方的事情。你必须要让对方知道，你可以兑现承诺。

我的妻子总能买到家里每个人都喜欢的圣诞礼物，但我不相信她会一直在预算之内买到。这种情况每年都会发生，而且她总是以满足孙辈的愿望为借口。祖父母都喜欢宠爱孙子、孙女，我们也不例外。可是，当你的配偶在比圣诞礼物更重要的东西上超支时，彼此间的信任就会破裂。

在谈判过程中，你如何才能迅速地获得对方的信任？

客户往往先信任你,然后才会购买你的产品和服务。多年前,我在一场研讨会上发表演讲。我问听众,人们为什么做生意?真正决定成交的因素是什么?听众一脸茫然。我给了他们几个选项。

是价格吗?他们能不能以低于竞争对手的价格获得生意机会?可能会。但是,总有人愿意用更低的价格抢生意,即使这样做会让他们亏本。顾客购买产品是因为交货速度快吗?例如,亚马逊付费会员(Prime)可以享受快速送货服务。又或者,顾客之所以下单,是因为他们能以一半的价格买到质量高一倍的产品?有时候,我会在演讲中点名某个公司的营销副总裁,问他是否会允许自家销售人员为了追求销量而降价25%。几乎每一位被问到的副总裁都礼貌性地微笑,示意他肯定不会同意这样做。事实上,我的问题激怒了一些首席执行官,他们以为我真的鼓励他们薄利多销。

这时候,我通常会接着扔出一个非常简单的问题:"如果各位觉得信任是最重要的,请举手。"几乎所有人都举手了。然后,我问他们是否知道如何具体地、务实地、逐步地获得客户的信任,结果没人举手。我开玩笑说:"咱们理一下。也就是说,你们最看重的就是信任,但却不知道该怎么获得信任。我说的对吗？"

这不正是问题所在吗？难道获取信任不是我们在谈判中最重要的事情吗？但是，我们都不知道如何获得别人的信任，这难道不也是事实吗？除了说类似于"要诚实"和"要共情"这样的陈词滥调之外，我们很少有人知道具体要如何获得信任。

志趣相投

人们会跟志趣相投的人做生意，而对合不来的人唯恐避之不及。我们往往不相信那些行为难以预测的人，只喜欢从行为、谈吐甚至外表和自己相似的人那里购买产品。对于与我们没有共同点的人，我们大多数都会避而远之。

假设我正在与和我有着诸多共同点的人说话。他们和我一样，膝下孙辈成群，可能喜欢打网球和高尔夫球，并拥有高等学历。这些共同的特点就是一个很好的切入点，也许会成为一段以信任为基础的生意关系的起点。不过，除了这些以外，良好的生意关系还受更多因素左右。并且更重要的是，你能否获得对方的信任也与你说话时是否与对方有着相同的音速、音高、节奏和音量有关。

配合和模仿

让我给你举个例子吧,假设我是一个语速很快的纽约人,正在和一位来自亚拉巴马州的演讲者进行电话会议,对方说起话来慢条斯理,这场会议从一开始就不会太和谐。而如果我的同事来自得克萨斯州,我跟他聊天的时候像连珠炮似的说个不停,可能两人也聊不到一块去。

我要先了解谈判对手的语速,然后加以配合和模仿。如果对方语速很快,我就要加快说话的速度;如果他们语速很慢,我就要相应地放慢语速。人们习惯于模仿他们所信任的人,并回避他们不信任的人。

1985年,在我职业生涯的早期,我就将神经语言程序学技术应用于商业领域了。我也是该领域最早的研究者之一。神经语言程序学以人类沟通方式模型为基础,该模型是由加利福尼亚大学圣克鲁兹分校的两位研究人员创建的,其中一位是心理学家理查德·班德勒(Richard Bandler),另一位则是语言学家约翰·格林德(John Grinder)。这种新方法最简单的应用之一就是建立融洽的人际关系。我迫不及待地想把这种方法付诸实践。

我27岁那年,每天至少要给美国各地的客户打5个小时的电话。我天生说话很快,但当时的我根本不知道自己的说话方式和客户有多么不匹配。我使用神经语言程序学方法与对方通话,每当听到对方停顿时,我便放慢语速;而当我感觉到他们语速开始加快时,我也加快了说话速度。我的业务量立刻大增,我能感觉到这两者之间的关联性,与客户的对话似乎也变得越来越顺利。如果你觉得这很牵强,那说明你一直没有注意到这一点。当你与人建立更融洽的关系时,就获得了对方更多的信任,而当你获得信任时,谈判就会更加成功。

偶尔有人问我,配合和模仿别人是否会让对方感觉你在嘲笑和操纵他。没错,如果你配合和模仿得不好,这种情况是会发生的。举个例子,如果你的语速极快,并且在讲话过程中突然减速,这种节奏上的变化就会被对方注意到。根据经验,你要等待5~7秒的时间。如果你注意到对方语速很快,那么你也要在接下来的5~7秒内加快语速。或者,你也可以在同一时间放慢速度。即使你在7秒以后配合和模仿对方,也没人会认为你不够真诚或在操纵他们。

不要以为只要靠招式和方法就能取得谈判的成功。和你做生意的是人,融洽的人际关系和信任才是最关键的,而其他一切都是次要的,只能起辅助作用。尽管等对方先出价或扮演犹豫的卖家角色之类的方法很有用，但它们的重要性比不上你培养人际关系的能力。成功的谈判源自融洽的人际关系和信任，这才是通过谈判达成交易的最重要因素。

对于那些专注于产品或技术知识的人来说，把人际交往技能放在首位尤其具有挑战性。人们往往会依赖于自己所学到的知识，如果没有接受过沟通技巧方面的学习，且对自己的沟通技巧没有信心，就会尝试用产品知识去征服别人。这样做的效果通常不太好。只有具备出色的人际交往能力，你才能得到自己想要的结果。

根据非语言线索进行配合和模仿

正如你可以学会如何配合和模仿别人的声音一样，你也可以配合和模仿对方的身体动作。当对方坐回椅子上时，你也应该做同样的动作。如果他们坐在椅子边缘，你也应该坐在椅子边缘。如果他们用手撑着下巴，你也应该用手撑下巴。

这个方法有用吗？绝对有用。我再强调一次，人们喜欢与自己相似的人建立融洽的关系，并对那些志不同道不合者避而远之。相似性不仅源自你的背景、价值观、道德观和所受的教育，也体现在你的沟通方式上。你的谈话方

通过配合和模仿来建立融洽的人际关系与信任

式越像对方，你和他的关系就越融洽。如果你与对方保持足够长时间的融洽关系，就能让对方产生信任感。在其他条件与竞争对手相同的情况下，客户可能会因为信任而选择你。

1983年，我在写《销售魔法》一书的过程中，参加了在加州帕萨迪纳市举行的一场鸡尾酒晚会，第二天还要发表演讲。那年，我被美国青年商会（US Junior Chamber of Commerce/Jaycees）提名为"美国杰出青年"之一，该组织是美国商会（US Chamber of Commerce）的一个分支机构，由20~35岁的年轻人组成。当时，我刚退出职业网球巡回赛没几年，并获得了博士学位。我的演讲生涯也刚刚开启，看上去就像个容易上当的愣头青。

美国青年商会是全国性组织,一直在招募演讲者。可问题在于,他们没有相关的费用预算。尽管他们付不起演讲费,免费啤酒倒是管够。无论你往哪里看,都能看到附近有一桶啤酒。现场观众多达数千人。当然,会场也处处都有啤酒。这是我唯一一次看到人们聚在桶装啤酒周围听演讲。

在我演讲前一晚的鸡尾酒会上,我跟商会主席探讨了这次活动。我右手拿着一杯啤酒,右肩靠在门边框上。喝下第二杯啤酒后,我注意到商会主席也用右手拿着啤酒杯,也同样靠在一扇门上。由于我对"配合和模仿"这个概念有所了解,所以,这一幕相互配合、相互模仿的场景令我深感震撼。

我开始专心聊天。我们聊得很开心,氛围很融洽。我们本可以聊上几个小时,因为我们的关系实在太和谐了。但这时候,走廊里有个人在我们前面摇摇晃晃地走着,显然是喝醉了。主席和我都露出讶异的表情,并同时举起酒杯,庆祝我们没有酒后出丑。

这时候,我尝试做了一个疯狂的举动。我故意不配合主席的举止。我把左肩靠向对面的门框,甚至把啤酒杯从右手换到了左手。我想看看主席会怎么做。过了20秒,他开始下意识地模仿我的动作。那20秒钟的等待让我感到如此漫长。

模仿：以非语言方式建立信任

20世纪70年代末，犹他大学完成了一个具有里程碑意义的项目，研究人员把父母送孩子上学的过程拍摄下来，然后对录像进行研究。有段录像的主角是一对父女，父亲把女儿带到学校门口，为她打开大门。小女孩走进大门之前，转身向父亲挥手道别。父亲也挥了挥手，她转身走了进去。父亲关上大门就离开了，整个过程大概持续了3秒的时间，似乎没有什么特别之处。

然而，当研究人员分析慢镜头时，发现这段互动当中存在一些很有意思的瞬间。当女儿转身向父亲挥手告别时，她开始朝父亲走去。与此同时，父亲也举起了手。研究人员在报告中写道，举手表明父亲准备开始挥手道别，但它更像警察在十字路口指挥交通，示意车辆停止通行。这个动作似乎对小女孩也起到了同样的作用。当她父亲的手掌朝向她时，她停下了脚步。挥完手后，父亲把手放下，小女孩转身朝教室走去。

研究人员在用慢镜头观察父女俩的行为时，发现父亲仿佛把女儿推开了。"尽管父亲和女儿之间没有实物连接，"研究人员写道，"但他们看起来就像被同一根线操纵着的木偶。"在对这段录像进行更深入的研究后，研究人员意识到父亲有急事要办，所以对他来说，更重要的事情是赶紧把女儿送进学校，这样他就可以出发去做自己的事情了。

这一小段录像表明，我们可以不用语言进行交流。当我们在发送和接收信息时，会下意识地模仿或配合彼此的动作。如果你学会解读对方发出的非语言信号，并以同样的方式与之交流，就能大幅地提升双方的融洽关系。正如你稍后将在本书中看到的那样，你可以采用这些肢体语言来加快谈判的进程，并引导客户顺利结束谈判。

与非语言信号相关的研究表明，无意识交流是十分有效的。如果你要我推荐一种能帮助谈判者提升谈判效果的技巧，那我肯定选非语言信号。非语言信号能让你下意识地模仿客户，抓住每一个机会配合他的举动，从而提升与客户的融洽关系，为以后举重若轻地完成谈判奠定基础。

举个例子，当一个人跷起二郎腿时，另一个人也这样做，这就是在模仿或配合肢体动作。如果一个人把手放在桌子上，另一个人也这么做，后者同样是在模仿或配合。

我们也研究过一些录像，发现人们在相处时不仅会配合别人的肢体动作，还会配合对方的语调和语速，仿佛在努力向对方靠拢，希望借此消除双方的所有分歧。如果你想看真正的模仿，不妨观察热恋中的情侣。他们凝视着对方的眼睛，尽可能近地靠在一起，模仿对方的动作，无论这些动作多么微不足道。只有如此配合默契的情侣，才能跳出"浪漫之舞"。

反之，如果双方怀有敌意，则会下意识地拒绝配合对方。比如，如果一个人身体向前倾，另一个人的身体就会向后倾。如果一个人双手叉腰，另一个人就会把自己的双手放在身体两侧。怀有敌意的双方还会中断眼神交流，拒绝建立融洽的关系。

模仿行为也会发生在群体当中。当某个人受到别人的喜欢或高度重视时，其他人就会倾向于模仿他。你只要仔细观察，就能学会在任何一个群体中找出领导者。当然，双臂交叉这个动作可能只是表明人们觉得很冷，尽管我看到有人在天热时也喜欢交叉双臂。

你要留意人们在与你交谈时所做的不同动作，等个几秒，然后模仿他们的动作。这样，你就能学到如何在不错过重要对话内容的情况下模仿对方了。

模仿听起来很简单，因此，人们往往不相信它能发挥什么作用。不妨做个试验吧——下次你去餐厅就餐时，模仿和你一起就餐的那个人的动作。如果他双手托腮，你也双手托腮；如果她把右腿搁在左腿上，你也学她这样跷二郎腿；如果他把头歪向一边，你也把头歪向一边。几分钟后，那个人就会模仿你的动作了。

我最近听到一个关于咨询心理学家的故事，这位心理学家非常擅长模仿。有一次，一名房地产经纪人拜访她，希望她能帮忙协商一笔费用。经纪人认为，这笔费用应由自己的前雇主支付。显然，房地产经纪人已经卖掉了一些房产，并认为应该得到1万美元佣金，但前雇主没有付这笔钱，并声称双方曾通过谈判商定了另一种佣金方案。

房地产经纪人问心理学家是否可以同他一起跟以前的雇主开个会讨论这个问题。起初，前雇主不愿让第三方在场，但最终还是同意了，不过他提出了一个条件：心理学家不能跟那位房地产经纪人交谈。

在开会过程中，心理学家模仿了经纪人前雇主的动作。每当他说一些积极或安抚性话语时，心理学家就会配合他的动作；而每当他说一些消极的或适得其反的话时，心理学家就故意不配合他的动作。大约40分钟后，房地产经纪人的前雇主承认并同意支付欠下的1万美元。

有意思的是，会面结束后，前雇主向心理学家道歉说："实在是太抱歉了，让你一言不发地坐在那里。"显然，这位雇主并不知道，心理学家仅仅通过配合或不配合他的动作，就对他产生了巨大的影响。

我也经常遇到这种情况。有一次，我在北加州的一场销售大会上演讲。在演讲的前一天早上，我和另一位演讲者一起吃早餐。我在思考自己的演讲内容，但又不想显得无礼，于是我几乎不说话，若有所思地听他讲话，并试图通过模仿对方的行为来保持融洽的关系。当他双臂交叉时，我也双臂交叉；他跷二郎腿，我也跷起二郎腿；当他身体前倾时，我也向前倾。吃完早餐后，他说他很喜欢我的想法，并邀请我给他的公司员工讲授沟通技巧。

我几乎什么话也没说，却再次目睹了人们是如何被自己所说的话而非别人的话说服的，其中起到重要作用的正是融洽的人际关系以及由此产生的非语言交流。我和那位演讲者之间建立了融洽的关系，无意中还创造出了一个业务机会。

模仿可以产生极其融洽的人际关系，伴随着融洽关系而来的还有信任。当你获得信任，生意便水到渠成了。

校准

模仿是高度融洽的人际关系发展的结果,它也是你审视自己是否与谈判对手产生联系的一种极佳方式。你可以通过对方如何配合你的动作来判断你提的要求是否在对方的可接受范围之内。如果对方不喜欢你的言行,就不会配合你,模仿也会停止。这个方法十分管用,它有助于确定对方是否喜欢你的想法。

当别人对你所说的话感兴趣时,你要注意他们在做什么,这个过程叫作"校准"。我们会注意到,如果一个人感到快乐,他就会微笑;而如果他难过,就会皱眉。你还要注意其他非语言线索。我在和别人交谈时,通常要花2分钟时间才能找出对方不同行为之间的细微差别。如果有人在我说话的时候背靠椅子,其表现出来的可能是一种消极或防御心态,或者需要一些时间来消化我的理念。无论是哪种情况,这个动作相当于告诉我,不要把对方逼得太紧。

同时使用语言和非语言技巧是潜意识能力的核心。你先采用一种技巧去获取信息,然后对其进行校准,再把它与通过另一种技巧获取的信息结合起来。最终,你能感受到对方向你传达的真实意图。

关注非语言线索是谈判者最难学习的经验之一。他们通常无法掌握谈判对手对某件事感兴趣的程度，因为他们除了想表达自己想说的话，不考虑其他任何因素。记住，谈判就是培养人际关系，而为了高效地完成谈判过程，你要意识到对方从始至终想表达些什么。当你把这变成自己的第二天性时，你就会更清楚自己该说什么，以及在什么时候说。你将知道自己的想法是否正确，或者是否要更改演讲稿中的一些内容。

交互模仿

我收到过一些读者来信，他们对模仿谈判对手有点担心，认为这意味着嘲笑对方，或者会让对手认为模仿就是复制。又或者，他们认为模仿不仅无法形成融洽的关系，反而会使对方变得消极或充满敌意。

为了反驳这一观点，我经常提醒他们注意一个潜在的前提——如果你真的事事为对方着想，并在双赢的模式下谈判，他们就能够从你所做的每一件事中感受到你的诚意。你不是在复制客户的行为，而是在发掘他们的潜力。对方将关注你所说的话，而不是你谈话中的非语言信号，他们不会注意到你的举止。

如果你不愿意亦步亦趋式地模仿谈判对手,我建议你使用另一种更温和、不那么明显的技巧——交互模仿。

交互模仿是用身体的不同部位来模仿对方的某个动作。换句话说,如果有人双臂交叉,那你就跷二郎腿;如果对方用一只手托着脑袋,那你可以用手摸自己的下巴;如果有人把双手插在口袋里,那你可以把双手叠起来,放在大腿靠近口袋的部位;如果对方用铅笔轻敲桌子,那你可以用手指转笔。

配合对方的声音模式

几年前,在一次图书展览会上,我和另一位作家讨论了一些想法。他是一位非常成功的作家,我希望能从他那里学习一些小技巧并发现商机。遗憾的是,我们聊天的氛围不太融洽。他似乎思想不集中,显得很疲惫(展会让所有人都感到疲惫)。他说话的分贝也很高,有点刺耳,再加上环境嘈杂,很难听清他说话。

我的分贝比他低,但足够洪亮。我和他聊了几分钟,基本上没谈到什么实质性内容,于是我稍微提高了音量,想让我的声音听上去跟他的更接近。很快,他对我开始热络起来，这一幕着实有趣。最终，我们进行了一场富有成效的对话。我想，如果不是我提高声音的话，恐怕谈话就没有这么愉快了。

声音是你建立融洽关系的最佳工具之一，你可以配合某个人说话的语速、音高、音色或语调的抑扬变化。

语速是指你说话的速度。有些人语速比别人快得多，我们一般每分钟平均能说125个词，不过，这个数字因我们所讲的语言而有所不同。

音高是指声音的高低程度。你的声音听起来可能像长尾小鹦鹉，也可能像指挥家约翰·菲利普·索萨（John Philip Sousa）的进行曲中由大号演奏出的声音。

音色是指声音振动的特性。演员詹姆斯·厄尔·琼斯（James Earl Jones）的声音饱满且丰富，这也是他成为伟大演员的原因之一。

语调的抑扬变化也因人而异，因为不同的人会以不同的方式强调、缩短或拉长音节。想想看，美国人的口音各不相同，新英格兰人说话短促而不连贯，得克萨斯人说话带有浓重的鼻音，南部诸州的民众讲话则慢条斯理。

在与谈判对手谈话的前三四分钟时间里，你要专心地听对方的话，并记下你听到的一切信息，包括语调的变化、句子的长度、声音的高低或柔和程度，甚至要注意他们是如何说出关键词的。挑出你觉得对方与众不同的特点，并尝试配合对方，这会让客户在与你相处时感觉更轻松。

如果你在全国各地谈判，这点尤为重要。要注意不同地区人士的口音和其他细微的地区特色。人们希望你的说话方式能像他们一样，而当你做不到这一点时，听众就会因为要适应你的声音而分散注意力。这可能会造成对方紧张，浪费谈判时间，还容易引起误解。

在我开启演讲生涯后1年左右，我前往一个农村演讲，那里的每个人说话都相当慢。我的演讲是一种快节奏的城市风格，整场演讲长达1个小时，当我讲到第30分钟时，后排一个男人举起手来。我不想为了回答他的问题而停下演讲，因为我的时间有限，所以无视了那个举手的人。然而，他连续举了7~10分钟的手，周围观众的注意力开始分散。最后，我只能问他是否有问题。他坐回椅子上，把拇指放在皮带上，慢吞吞地说："年轻人，我想知道你说完'大家好'以后，后面那句话是什么来着？"

显然，我说话的语速太快了，没有与观众建立起太融洽的关系。我以为已经把自己要表达的意思告诉了那个人和会场里的很多听众，但其实我想错了。我只是在浪费自己的时间和他们的时间。

当你和某人通电话时，要特别注意对方的声音。首先，你要注意对方的语速。然后调整你的语速来配合对方。其次，你要注意对方说话的模式。你无法准确地复制某个人的声音，但你越尽力配合，电话那一头的人就越不会觉得你的声音刺耳。

20世纪70年代末，我有过一段失败的股票经纪人生涯。那时我们办公室里有一个叫萨姆的股票经纪人，他的业务比办公室里其他人的业务加起来还要多。山姆的腰围很粗，很喜欢抽雪茄，也非常有个性。如果他喜欢你，他会在和你说话的时候朝你的脸上喷一口烟；而如果他不喜欢你，就会朝你吐烟头。但是，在跟客户通电话时，山姆表现得很专业。如果客户的声音很尖锐，他也会提高音量；如果客户说话速度很慢，山姆也会放慢语速；如果客户声音很大，我们就会听到山姆的声音变得洪亮起来。他甚至知道如何像十几岁少年那样咯咯傻笑。我觉得山姆并不是故意这么做的，他只是知道如何模仿客户而不冒犯他们，并靠这一方法赚了数百万美元。

验证信任度

你在谈判中建立了融洽的关系之后，自然就想保持这种关系。如果你与对方关系融洽，行为却没有表现出匹配性，对方就会尝试模仿你的行为，以维持信任感。

通常情况下，为了验证对方对你的信任度，你可以故意不配合对方的行为，然后留意对方是否模仿你的动作。如果对方模仿了，那你们的关系是极为融洽的；如果对方没有模仿，那你就要重新开始模仿对方。等待一段时间后，再尝试不配合对方的行为。

大约30年前，我收到了家住田纳西州诺克斯维尔市的客户约翰寄来的一封信。约翰听过我的几次演讲，他说他是我的粉丝。有一天，他大约提前10分钟抵达一位潜在合伙人的办公室，而那人迟到了30分钟，导致约翰等了将近40分钟。他在走向约翰时，两臂交叉，约翰立即交叉起双臂作为回应。那位潜在合伙人说："很抱歉，我迟到了，但我今天没时间和你开会。"两人都双手交叉，互相模仿。

约翰说："没问题，你想重新安排时间吗？"

合伙人好像突然想到些什么，他说："如果我现在就跟你开会，需要多久时间？"

约翰说:"10分钟,除非你有问题要问我。"

他们走回办公室。潜在合伙人坐在一张很大的翼状靠背椅上,约翰则坐在桌子对面的一张小椅子上。那人说:"你有10分钟时间,说吧!"

然后,那人往后一躺,十指交叉,放在脑后。

猜猜约翰是怎么做的?约翰模仿起对方的动作。他身体也向后靠,手指交叉,放在脑后。约翰在给我的信中写道,他们两个看起来像极了两只被拔了毛的鸡。

但接下来,约翰做了一件疯狂的事情。他身体前倾,靠在办公桌上。约翰此举实际上是入侵了谈判对手的私人空间,这招够疯狂吧?可你猜猜那人是怎么应对的?他也模仿起约翰,身体向前靠在自己的桌子上。这就叫"验证信任度"。如果你没有配合对方的动作,却发现对方反过来配合你,这就是采用了信任度验证法来核实对方有多信任你。如果你发现对方很信任你,那就不要多说话,因为如果你继续说话,就会显得过于自我吹嘘,还得想办法挽回。

当你开始谈判时,首先要配合和模仿对方的行为。如果对方说话速度很快,那就加快你的语速;如果对方说话慢条斯理,那就在7秒后放慢说话速度。

当你配合并模仿了对方的行为后，还要时不时地验证对方有多信任你。例如，你用连珠炮似的速度说话，看对方是否会模仿你；你也可以放慢语速，看对方是否也减慢了说话速度。刚开始的时候，你可能觉得这种技巧很复杂，但它可以验证对方有多信任你，这事难道不值得去做吗？熟练运用这种技巧后，你将成为一名更好的倾听者。

倾听是让谈判的参与者感受到被理解的第一步。大多数研究表明，这是建立融洽关系的基础。那一刻，信任感会自然而然地产生，而有了信任感之后，其他问题都会迎刃而解。

▶ 心理优势 2
察觉到对方在撒谎

你的探查技巧有多高超？你是能读懂别人的想法，还是只是在听他们的字面意思？探查是实现成功谈判的最重要因素。你的探查技术越高，就越无须最后再询问对方的想法；你越善于探查对方，就越无须费尽心思地说服他。

但是，如果你和绝大多数人一样不善于探查，就会盲目地接受对方的评价和对你问题的回应。

约翰是一位成功的财务顾问，他在一场见面会中认识了一些新的潜在客户。在这场见面会上，与会者相互介绍自己，以确定双方是否有足够的信任来继续推动合作。约翰希望客户对他产生足够的兴趣，向他支付财务计划费用，并启动下一阶段的工作，即实施财务计划。

一番客套之后，约翰问一对夫妇的退休目标是什么。他们说是担心以后没钱花，并且对过去一年的资金波动感到不安。

约翰的财务知识丰富，完全可以为这对夫妇制订财务计划。他问他们是否还与别的财务顾问合作，他们说是的。约翰又问，他们上次和那位顾问谈话是什么时候。丈夫抬头看着天花板，说道："没多久。"

约翰完成了剩下的会谈，并问这对夫妇是否想继续谈下去。丈夫回答说："让我们先考虑一下，然后再回复你。"

约翰连续打了几周回访电话，才终于联系上了这对夫妇，他问他们是否想约个时间再谈一次。丈夫说，他们很喜欢现在的财务顾问，之所以跟约翰谈，只是为了和他分享一些新想法而已。

约翰想知道自己到底在哪个环节出了错。他是否应该向那对夫妇更详细地解释财务计划？他是否忘了问某个应该问的问题？在见面会上，那对夫妇没有敞开心扉跟他交流。他怎么忽视了这一点？他当时是否应该再说点儿什么？

这些问题的答案就在于情商，即我们常说的EQ。你是否能听懂客户的谈话内容，以及根据语境理解其中的意思？更重要的是，你是否能很好地解读客户的行为，看看他们是否足够坦诚？

20年前，我曾在一场名为"如何解读客户的想法"的专题会上发表演讲。我讲完之后，美国联邦调查局的一名特工接着发言，他谈到了现场审问证人过程中识别谎言的重要性。证人只要说一句谎言，就有可能会让整个调查陷入死胡同。联邦调查局特工采用了一种阅读肢体语言和识别压力的方法，这意味着他们要向证人提出更多问题。

就算你没有接受过联邦调查局特工的特训，也能识别谈判对手是否讲了真话。我有一个更好的方法。20世纪80年代，我写了一本名叫《销售魔法》的书。书中首次描述了神经语言程序学所教授的3种感知沟通类型在商业上的应用，这3种感知沟通类型分别为视觉、听觉和动觉。视觉个体从你的话语中产生图像，从而理解你所说的话；听觉个体聆听你的声音，从而获得理解和融洽的关系；动觉个体则是通过与你感同身受来获取信任。

你可以留意谈判对手的眼睛和话语，判断对方属于哪一种类型。当视觉个体思考未来时，他们的眼球会向右上方移动；当他们回忆过去时，眼球会向左上方移动。听觉个体在思考该说什么时，眼球会向右移动；而在回忆过去的谈话内容时，眼球会转向左边。动觉个体很容易被发现，因为当他们产生感觉时，眼球会向右下方移动。

因为视觉个体和听觉个体在构思未来的想法时眼球会向右移动，而在调动记忆时眼球向左移动，所以，如果你仔细观察的话，可以从他们的反应方式中判断他们是否在说谎。

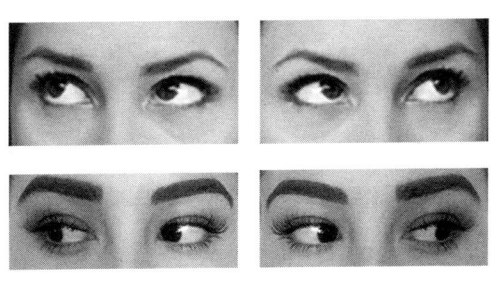

眼球移动的方向揭示了人们的沟通类型

让我们假设这样一个场景：你问谈判对手他是否正在与其他人谈这桩交易，他回想那个人时——眼睛朝左边看。你再问他最后一次和那个人谈话是什么时候，他的反应是眼睛朝右看——编造了一个答案。当你询问某人过去发生的事情，而对方思考的却是未来才会发生的事情时，他的反应就是伪装出来的。这便是谎言。

伪装不一定是有目的的欺骗。如果你问我住在哪里，我可能会看向右前方，说我住在南卡罗来纳州的查尔斯顿。假如你不熟悉美国东南部城市的话，我就更有可能这样说。事实上，我不住在查尔斯顿，但为了让谈话顺利进行下去，我想到回答居住地附近的一个更大的地区。如果你发现我的眼球向右上方移动，你可以问我："你就住在查尔斯顿还是查尔斯顿附近？"然后我会说："呃，其实我住在丹尼尔岛，紧挨着查尔斯顿。"

想想看，如果你能在谈判中察觉到对方在撒谎，这种能力是多么的强大。你可以问对方："您能接受的最低价是什么？"这点很重要，因为如果你能在谈判一开始就发现他们的底价，你就会知道对方将会接受什么样的还价。如果他们的眼睛看向右上方，说："我能接受的最低价是2.5万美元。"你便知道这是假话。你可以追问道："这是您能给出的最低价吗？或者您有难言之隐？"

即使你发现某个人撒谎，也没必要脸色难看地指责对方不诚实。这只是一种能有效探查对方的工具，它能帮你提升解读对方情绪的能力，让你获得更融洽的人际关系，并避免浪费时间。

▶ 心理优势3
发现成交信号

无论你正在扮演犹豫的买家还是犹豫的卖家角色，都不要反应过度。一定要真诚，不能过于显露出你的热情。谈判既要使用方法，也要体察情绪。你可以把谈判当作一场牌局。《世界扑克锦标赛》是ESPN体育频道最受欢迎的节目之一，在比赛中，5名选手围坐在桌子旁，尽力掩盖自己的情绪；与此同时，每个选手都想发现其他人表现出来的"蛛丝马迹"。

当选手拿到一手好牌时，会有什么样的表现？当他们对手中的牌感到失望时，又会暴露什么样的非语言线索？

几乎每一名选手都戴着墨镜或鸭舌帽，并故意把帽檐压低，以防止别人看到自己的眼睛。瞳孔扩张是不受人为控制的，当人们情绪高涨时，瞳孔就会扩张；而人们在承受压力、焦虑和失望时，瞳孔就会收缩。训练有素的选手会承认，扑克比赛更多的是心理层面的较量，而非牌技的比拼。

毫无疑问，你不知道要避免与戴着墨镜或把帽檐压低的人谈判，甚至可能不会把对方瞳孔扩张视为成交信号。但如果你不去发现这些线索，就无法达成最理想的交易。

最近，非常聪明、能言善辩的销售人员约翰向一位潜在客户展示了其完美的产品，该潜在客户名叫凯文，他对产品很感兴趣，也有足够的钱购买产品。他和约翰有一位共同的朋友，也正是这位朋友把他推荐给约翰的。事实上，由于朋友的强烈推荐，约翰顺利跳过了销售周期中的接触和建立融洽的关系这两个阶段，而在探查需求阶段，他发现凯文非常需要他的产品。于是，约翰熟练地向凯文介绍产品，产品功能介绍完全根据凯文的需求量身定制。约翰为自己在介绍产品时所表现出来的专业性感到自豪。

遗憾的是，约翰喋喋不休地说个没完，直到凯文焦急地看了看自己的手表，打断了约翰的话。凯文说，他跟另一个人提前约好了见面，产品介绍只能到此为止。

哪里出了问题？交易的成败不仅仅取决于探查客户需求和介绍产品，你必须能够在谈判过程中解读客户的情绪，读懂对方的想法，而不是让客户在迫不得已的情况下把自己的想法说出来。

很多专家认为83%的人际交流靠的是非语言线索，这就意味着只有17%的交流通过语言进行。沟通中之所以有这么多的误解，部分原因在于我们更倾向于把注意力放在语言上，而忽视了全部的表达方式。换言之，我们要将对方所说的话与肢体语言进行匹配，判断两者是否存在"一致性"。例如，是否有人一边皱眉头，一边恭维你？是否有人告诉你，他很喜欢你的公司，眼神却飘忽不定？这些都是言行缺乏一致性的例子。

大多数与谈判有关的书籍都是讨论招式和方法的，却很少从心理层面讨论如何才能提高沟通的效率。肢体语言能让你理解对方所表达的内容的意义和意图。如果你能提出适当的问题并解读对方的肢体语言，你的谈判将会更成功，谈判进程也会加快。

如何确认交易已完成？

你是否曾在客户面前口若悬河？你是否靠口才吸引了

潜在客户与你谈生意,却最终把客户谈跑了?接下来,我要赠送你一句金玉良言,只要你把它付诸实践,你今年的生意就能翻一番或翻两番:谈判时,你要说客户想听到的话,而不是说你想说的话。也就是说,与客户进行沟通时,必须采用一种能产生最佳效果的交流方式。

你是否曾和某个客户谈生意,该客户似乎一度对这桩生意很感兴趣,但他突然说要去开会?你是否曾经非常确定一笔交易已经完成,结束了谈判,但第二天对方要求降价甚至取消交易?这些都是言行不一致的表现。

研究表明,多达30%的谈判之所以以失败告终,是因为卖方不知道何时停止说话。停止说话的时机和方式同样重要,前者有时候甚至比后者更加重要。心理学家认为,对方表现出来的每一种行为都给你透露了线索,你可以根据这些线索来谈判。以下线索能让你识别对方的成交意愿。

点头和微笑

表示同意的点头动作和微笑是谈判对手想成交的最基本信号。

尽管这并不一定意味着对方在那一刻同意成交,但这种行为模式表明对方已经接受了你的想法。但是，对方点头的速度越快，他就越可能在想："我希望这家伙能闭嘴！"通过点头这个动作，对方其实在说："我以前听过这些。在我觉得无聊之前，赶紧继续往下说。"

以点头表示接受

这时候，你应该问对方："我感觉您知道这事儿，您以前在哪儿听过吗？"对方会很乐于展示他渊博的知识，他会给你提供线索，把知道的事情告诉你。

瞳孔扩张

虽然点头示意是一个明显的信号，但接下来的成交信号却不够明显。大量的采访录像表明，当受访

瞳孔扩张

者看到裸体照片时，其瞳孔会因为兴奋和激动而扩张。

你可能会想："克里，我离对方不够近，看不到他的瞳孔。"你应该靠近对方一些。无论光线够不够亮，大部分谈判对手在对你的想法很感兴趣时，瞳孔都会不由自主地扩张。

还记得圣诞节时你孩子脸上的表情吗？他们从自己的房间里走出来，对你们说："妈妈，爸爸，这是给我的吗？"他们兴高采烈，眉毛扬起。你是否看到，他们因为高兴而瞳孔扩张，眼睛睁得像茶碟一样圆？

据传，已故的希腊航运业大亨亚里士多德·奥纳西斯（Aristotle Onassis）在繁重的商业谈判中总会戴着墨镜。如果身边没有墨镜，他就会推迟商务会议，直至找到一副。如果他的谈判对手戴着墨镜，他也会拒绝谈判。

瞳孔扩张很重要吗？当然重要。遗憾的是，没人教美国人去注意这些细微的差别。俄罗斯人往往在军火谈判中胜我们一筹，原因之一就是他们懂得注意这些行为的细微差别。他们认为，眼睛是内在情感的窗口。

人际距离学

人际距离学研究的是人与人之间的空间距离及其意

人与人之间的空间距离

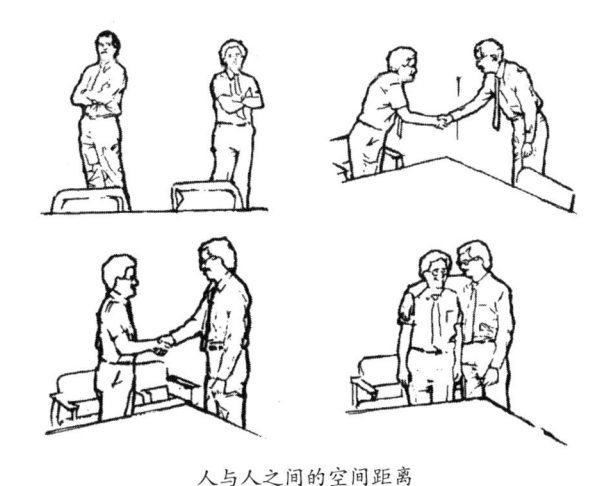

义。这个距离越近,说明彼此间的好感越强;距离越远,说明彼此越没什么好感,且防备心越强。如果你看到一个很要好的朋友,你也许会以拥抱对方作为问候方式。如果对方是你最近才认识的人,你可能只跟对方握手,但如果双方关系非常融洽,你可能会把一只手放在对方背部,并相互握手。人与人之间的距离完全取决于双方关系的融洽程度。

这些细节与文化背景息息相关。例如,在芬兰,如果双方第一次见面,即使是简单握个手,也可能显得有些冒失了。

1米及1米以上的距离表明双方好感度不高,关系也不太融洽。这叫作"陌生人区域",经常出现在人们初次见面或与一个你没有好感的人见面的场合。

你和谈判对手之间半米到1米的距离被称为"熟人空间"。它既非陌生人区域,也不是可信任者的区域。但这个距离可能有助于双方在未来培养出更融洽的关系和信任感。半米内的距离则是"信任空间"。当有人对你所说的话非常感兴趣,并希望与你多交流时,就会出现这种距离。它也可能是一种信任的信号。如果你看到一名谈判对手离你有不到半米的距离,则表明他们已经下意识地接受了你的想法。0到半米是"亲密距离",当你靠得很近时,对方会转身用肩膀对着你,以在双方之间创造出更多的空间。

宣示所有权

最复杂的成交信号之一是对方用印刷品或图片来宣示所有权。你是否给别人看过一些图片?他们也许会看一眼那张纸,然后把它放下。他们可能会把纸张放到你这边的会议桌上,甚至把它推开。对方通过这些行为表明他们的抗拒心理,他们借此暗示"这个想法不是很令

以纸张宣示所有权

人印象深刻,我对你的信任度很低,我不接受这个想法"。如果你看到了这一非语言线索,也许可以返回探查需求阶段,找出他们的真正需求和/或欲望,千万不要尝试达成交易。

另一方面,潜在买家可能会看几眼那张图片,然后把它放在自己这边的会议桌或办公桌上,甚至会一把抓住它,然后问你:"这份是我的吗?"这个动作所传达的信息很明显。

我曾经与一位经验不太丰富的谈判代表一起去跟潜在买家谈判。在产品推介阶段,我给潜在买家递上一份产品简介。他立刻把它拿过去。他对那张纸的占有欲极大,甚至没有说要复印件,就直接据为己有了。令我惊讶的是,接下来的45分钟里,那位经验不丰富的谈判代表仍然在滔滔不绝地讲解产品。

我看到买家的态度从饶有兴致变成了冷漠。在1个小时的时间里,我看到这位谈判新手让潜在买家先是对这笔交易产生兴趣,然后又失去了兴趣。如果你能选择在合适的时刻闭嘴,你的谈判才会变得更加顺利和成功。

抚摸下巴

在交易评估阶段,大部分人会显露出非语言信号,表明他们正在深思,其中一种信号是挠头,另一种信号则是抿嘴唇,而最明显的决策信号则是抚摸下巴。

当你看到这种行为时,请立刻停止说话。对方正在考虑是否接受你的想法,如果你一直喋喋不休,只会令对方感到迷惑和害怕。如果你看到这种细微的表情,请停止说话,等待几秒,并提出试探性问题,比如:"您觉得这种方法目前可行吗?"当然,对方仍有可能提出异议。但你会惊讶地发现,由于你知道适可而止,很多谈判对手这时会同意你的观点。

抚摸下巴

鸣笛水壶坐姿和抖腿坐姿

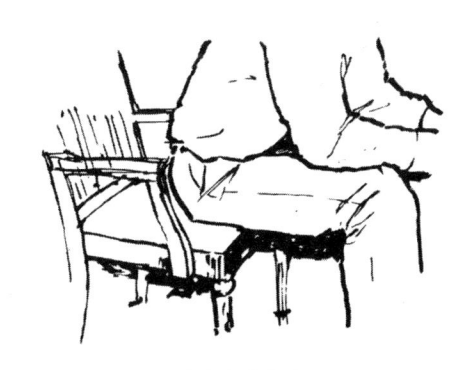

接下来，我们将探讨最常见的成交信号：身体前倾。我看了无数的谈判视频的回放，注意到人们的坐姿

鸣笛水壶坐姿

与其兴趣度之间存在着一种有趣的联系。

大部分谈判高手都知道，当对方坐在椅子上，身体往后靠，双臂交叉并跷起二郎腿时，他正处于一种不太想接受建议的状态。但是，当对方身体前倾或坐在椅子的边缘，就说明他在情感上已经做好同意你观点的准备了。我们把这种坐姿称为"鸣笛水壶坐姿"。

比鸣笛水壶坐姿更夸张的是"抖腿坐姿"，它标志着对方的接受程度更高。抖腿坐姿也被描绘成身体前倾或坐在椅子的边缘。在这种情况下，对方的一只手放在膝盖上，另一只胳膊的前臂则放在大腿上。这些人可能对你的提议非常感兴趣,仿佛随时都可能兴奋地跳起来似的。

抖腿坐姿与鸣笛水壶坐姿很像,表现方式都是往前坐或者身体前倾,表示:"不用说了,我同意了。"

不过,这条规则并不总适用于所有场合。如果你的谈判对手一直坐在椅子的前半部分,他们可能只是腰背酸痛了。但是,如果你突然看到他们屁股往前挪,那这笔生意很快就能成交了,前提是你必须学会适时闭嘴,并选择合适的时机进行试探性提问。

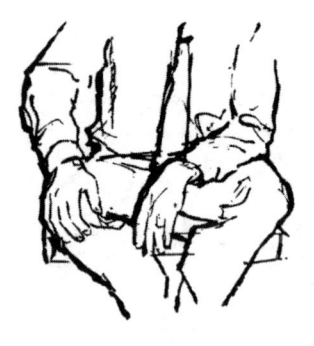

抖腿坐姿

语言线索

语言成交信号比非语言信号更加明显得多。当你在电话里听到这些信号时,甚至不知道对方已经决定与你合作了。语言成交信号有很多,比如:"这要多少钱?""有蓝色的吗?""我多久能收到货?""你们提供什么样的产品保修政策?"所有这些信号都表明对方已经听够你说话了,希望你立刻闭嘴。

正如非语言线索一样,当你听到语言成交信号时,应该提出试探性问题。我曾看到一名销售在谈判过程中发现了成交信号,便提出试探性问题。对方说:"好的,就这么定了。"

接下来,她的话让我错愕不已。她说:"您确定吗?"

对方回答说:"我不知道,难道我不应该确定吗?"

那位销售人员只能连忙解释,希望重新赢回客户的信任。

谈判就是探查客户需求,提供解决方案,然后让对方接受你的建议。多数情况下,对方会在准备好成交的时候来跟你谈判。如果你错过了这些线索,就可能会错过一笔生意,所以你必须留意这些线索。

密歇根州兰辛市的克雷格·比奇诺(Craig Beachnaw)是一位顶尖的谈判高手,他曾经差点错过了职业生涯中最重要的一笔交易。克雷格的谈判对手是一名成功的企业家,那人在谈判过程中似乎发出了成交信号。谈判的第一天,克雷格就确定了客户的需求;第二天,他提出了解决方案,1个小时后,那位企业家表现出了颤抖坐姿。克雷格回想了我关于成交信号的教学视频,于是决定闭嘴。克雷格拿出协议,并问了个简单的试探性问题,那位企业家立刻就在协议上签字了。

当天晚上,克雷格带客户出去吃饭。在餐桌上,他问客户为什么这么快就同意成交了。客户说,在克雷格停止说话前的30分钟他就已经准备好签合同了。他承认,克雷格话太多,他差点就想放弃这笔交易了,幸亏克雷格最后挽回了局面!

如果你能留意成交信号,你的业务量将至少增长30%。连百万美元级别的销售人员都承认,知道何时闭嘴和如何闭嘴同样重要。

怀疑信号

在一对一的谈判中,你是否觉得对方不太赞同你刚才说的话?他们是否有点儿怀疑你的观点?或者,他们似乎不相信你的话?问题是,等到他们把自己的反对意见告诉你的时候,就为时已晚了。

表达怀疑

难道你不想知道

对方在思考你的话时想了些什么吗？你是否看到对方把眼镜顺着鼻梁往下移？或者，你是否看到对方低下头，目光越过镜框上沿看着你？如果他们没有戴眼镜，就会低下头，皱着眉，眼睛往上瞟。

这些动作说明对方不赞同你的看法。他们不相信你，或者不明白你在说些什么。他们希望你能向他们证明你的观点。当对方表现出上述行为中的某一种时，你可以说："我能看得出来，您心里有疑惑，请告诉我您的疑惑是什么。"他们会马上把自己的想法告诉你。如果你能在整个谈判过程中保持可信度，他们就会赞同你的观点。如果你能在谈判的大部分时间里或从始至终让他们的观点与你的保持一致，那谈判就会进行得更顺畅。

几年前，我为泛美保险公司（Transamerica）做了一次演讲。演讲结束后，一位保险经纪人走到我面前说："克里，你说的这个现象我经常看到。每当他们摘下眼镜盯着我看时，我就知道我有麻烦了。"他还说："当他们从眼睛里取出隐形眼镜时，我就知道遇上大麻烦了。"

这番幽默的话语只说明了一个道理：谈判对手需要确定你会保持专注。你要不断尝试着解读对方的情绪。

▶ 心理优势 4
解读压力线索

有一个难以回答的问题：你是否觉得自己有点咄咄逼人？你是否很强硬？你可能认为，把对方逼得太紧不是件好事，但这种看法可能太过短视。在合适的时机保持咄咄逼人的态度是件好事。你只需知道何时给对方施加压力，以及对方何时会感受到压力。

曾有人问我："克里，你如何评价过去那些挨家挨户强行推销'富勒刷'（Fuller Brush）的销售人员？他们已经过时了，对吗？"

不，他们没有过时。如果你能在适宜的时间给客户施加压力，然后等对方做决定，这样，你就是按照客户所希望的方式对待他们并与其谈判。施加压力讲究时间和场合，但你还要知道何时要退后一步，不要一直对客户咄咄相逼。

有时，人际关系会让人产生压力：人们在谈论自己的财富或其他问题时会感到不安。谈判本身可能会造成一定程度的心理压力。

当你表现得太过咄咄逼人时，对方会发出 3 种信号来提醒你。这些信号将告诉你,他们感受到了被催促、压力或不安。如果你学会了如何确定人们何时会感受到这些情绪,你就可以收一收,获取更多的信息,然后选择一个更好的时机重新施加压力。

抚摸前额

以下是你判断失误且施加过多压力时对方会做的3件事:

1.当对方感觉你在施压时,会来回抚摸前额。

2.当对方感受到压力时,会中断眼神交流数秒。

3.当对方感受到压力时,会快速眨眼睛,可能每分钟眨眼40多次。

美国联邦调查局的研究表明,人在说谎时会感受到压力。每当我们感受到压力时,会很容易通过快速眨眼表现出来。

想知道你的谈判对手是否感受到压力,还可以通过以下3种语言信号进行判断。

1. 空洞的对话。他们虽然在说话,但又什么都没说。例如:"我觉得这是个好主意,但我想,也许我们应该……"

换句话说,他们确实在说话,但没有说出任何实质性内容,尽管他们在刚开始的时候舌绽莲花。正因为如此,双方建立关系之初必须进行校准。如果某个人起初能言善辩,但突然间对话变得空洞,这种空洞的对话就意味着行为发生了变化,暗示对方感受到了压力。

2. 意味深长的停顿。当人们感受到压力时,他们会暂停说话很长时间,通常是20秒或20秒以上。

3. 口吃和结巴。如果对方在刚开始的时候能言善道,中途突然变得口吃和结巴,这也表明他感受到了压力。

几年前,我在得克萨斯州埃尔帕索市的一座教堂里发表了关于如何化解压力的演讲。教堂的牧师很受教众喜爱。他开玩笑说,他的教会有6大戒条和4个"尽力而为"原则。

我发表完演讲后,牧师站起来,向教众做了15分钟的发言,以此向他们施加压力。他说:"今晚,我希望你们所有有罪的人都把自己奉献给上帝,你们愿意吗?"

当我低头看向观众时,看到前排有3个人在抚摸额头。

当人们使用这个手势时，他们在想什么？他们只是觉得额头痒吗？不，这表明他们感受到了不安和压力。

当你看到这样的手势时，你该怎么办？在多伦多的一场演讲中，一名女士对我说："克里，有一次我向客户介绍产品，对方是决策者。他开始抚摸前额，我还以为那家伙额头痒呢。但后来，我想起你说过的解读压力线索。于是我停止介绍产品，对他说，'我看得出来，您对此感到不安。您想和我分享一下自己的想法吗？'"

重点不是使用这些特定的词，而是知道何时使用它们。如果你能在适当的时候疏导谈判对手的情绪，他们就会告诉你一些事情，而这些事情大多是很机密的，他们甚至连自己的伴侣都不会透露半分。他们就是这么信任你。当他们这样做的时候，你就与客户建立了终身的联系，而不是只做"一锤子买卖"。

某天，约翰正在劝说一对夫妇把他们的养老金转移到他的公司来管理。最近公司的投资业务不太景气，约翰已经花光了他的佣金。去年这个时候，约翰平均每周成交3家客户，佣金收入在6000美元左右。以前他只要和客户打打电话就能谈成生意。而现在，一个月能成交3家客户就算很幸运了。

现在,他不得不去拜访潜在客户,和他们面对面谈业务。天哪,真是世事多变!约翰必须学会察言观色。不过,这些都是完美的潜在客户。他们有退休目标,过着体面的生活,需要财务规划服务。约翰所要做的就是与客户协商他的佣金。只要客户愿意,他早已准备好随时奉上一份免费的财务计划。他已经在盘算自己能挣多少佣金了。约翰设计好"一揽子"退休财务计划,并编好了申请表。在接下来的一周里,他只需整理所有细节即可。当他给那对夫妇打电话时,他们说很抱歉,他们已经跟另一位财务顾问合作了。

怎么回事?交易没出问题,潜在客户是有实力的,而且约翰也跟他们建立了融洽的关系。到底是哪里出了问题?约翰没有发现任何迹象。其实,那对夫妇可能已经透露出了压力线索,只不过约翰没有注意到而已。

几年前,当我在一家保险公司的大会上发表演讲时,该公司的销售冠军告诉我,他的潜在客户百分之百都与他达成了交易。我很惊讶,问他用了什么样的成交技巧。他说不出个所以然来。和大多数顶尖的销售人员一样,他对自己拥有的能力一无所知。在我的不断追问下,他承认自己对销售技巧并不太了解,但他知道如何比大多数竞争对手更善于察言观色。我问他是如何察言观色的，他说不出来。我又问他如何倾听客户的心声，他还是说不知道，但只要能看到客户释放的信号，他就知道可以成交了。

顶尖销售人员就是这样。他们在本行业已经干了很久，知道如何炫耀业绩，但一切业绩都是在无意识的情况下完成的。他们知道如何达成交易，但无法说出方法、技巧和时机。

每当我在会议上发表演讲时，总有一位顶尖的销售人员担任活动的主角。他对观众所说的东西可以说是老生常谈了，观众此前已经听过不下100遍。之所以存在这种现象，是因为业绩最优秀的销售人员不具备表述自己销售技巧的能力，这项工作必须由心理学家来做。以下就是心理学家的研究成果。

施乐公司（Xerox）的研究表明，在一场销售谈判中，客户平均拒绝销售人员和提出异议3次。令人惊讶的是，绝大多数销售人员会在第一次被客户拒绝后就放弃了。当他们觉得自己在催促客户，而不是客户感受到了压力时，他们也会停止施压。

如果你能通过约翰·史密斯的眼睛看到约翰·史密

斯，你就可以把约翰·史密斯想买的东西卖给约翰·史密斯。约翰·史密斯会从一个了解他并能从他的眼神中读懂他的需求的人那里购买很多东西。

▶ 心理优势5
利用最有说服力的12个谈判词

耶鲁大学的研究人员发现，有些关键词可以帮人们更好地理解概念，更长时间地保留信息，以及更好地记住细节。这些词比其他任何词都更具说服力，人们可以用其编辑网站内容，群发电子邮件，制作产品的电子手册，撰写接洽信并提高信件的回复率。与这些关键词相关的信息将能保留更长的时间。事实上，位于麦迪逊大道两侧的广告公司就在社交媒体广告和其他媒体中使用了这些词。你也可以在谈判中用这12个关键词来传达信息。它们不仅能吸引对方的注意力，还能让对方将你的信息保留更长的时间。与客户谈判时，你应该在电子邮件和其他沟通方式中利用这些词。它们包括：

1. 发现。 许多年前，西尔斯公司（Sears）推出了一种新的信用卡。该公司做了多年研究，看哪些词最能影响人们的购买行为。当时的西尔斯正处于破产边缘，依靠出售这些新的信用卡获得了足够的收益，得以继续生存下去。直到今天，这张信用卡仍然很畅销，它就是"发现卡"。

西尔斯并不是唯一一家从"发现"这个词中获利的公司。20年前，福特的顶级运动型轿车是"征服者"和"探险者"。它们唯一的竞争对手是一款来自路虎的车型。巧合的是，路虎的这款车型被称为"发现"。

在谈判中，你可以这样使用"发现"一词："我发现了一个概念，它可以满足你的所有目标。"或者"如果我们能谈谈这个新发现，那会有帮助吗？"

2.轻松。你每隔5年买一辆车，或者每隔2.5年租一辆车。汽车制造商每销售一辆轿车，就能获利约500美元；而每租出一辆车，可获利约2500美元。所以，他们用"轻松"这个词来游说你租车，而不是买车，比如："特惠条款，轻松申请，轻松驾驶。"Carvana和Vroom这样的在线汽车经销商会用"轻松"一词来吸引你的注意。他们向你传达的信息就是网上购买汽车能让购车过程变得更容易，你绝对不会遇到任何麻烦。"轻松"这个词也被用于出售期房、租赁房屋，甚至是售卖复杂的软件。

在谈判中，你可以说："我有一些想法，可以帮您轻松完成这个流程。"

3.保证。"这点我能保证，否则给您全额退款！""这肯定管用，我以我的名誉保证。""我保证它会有效。"

你无法保证投资就有回报，但你可以确保一段关系不会破裂。在谈判时，你可以说："我保证令您满意。"或者说："我保证这对您有用。"

4.健康。显然，相比于金钱，绝大多数人更关心自己的健康。这很合理，因为如果我们损失了金钱，还可以挣回来，而一旦失去了健康，就很难恢复了。既然如此，何不把健康作为谈判过程的一部分呢？例如，你可以说："这给您带来的最大回报就是身体健康。"或者说："如果我们能就此达成协议，对我们双方都将是健康的。"

5.爱。很多行业用"爱"去吸引客户，包括葡萄酒和酒精饮料行业、花店和糖果制造商，而在线约会软件堪称新时代的"媒人"，专门帮人们寻找真爱，这桩生意能给它们带来数百万美元的收入。

在谈判中，你可以说："你会爱上这个的！"或者说："我的所有客户都爱这个！"

6. 钱。如果有人收到一张1000美元的账单,而这笔钱没有在预算之中,那绝大多数人都是没有能力付款的。很多人离破产只有30天时间。毫无疑问,钱十分重要。钱可用于任何谈判场合,比如:"这个创意能让你赚很多钱。"或者:"我们在谈的事真的能让你赚到钱!"

7. 全新的。美国人对任何新事物都有一种奇怪的偏好,我们想要最先进、最尖端的产品和服务。就算是一些大件物品,比如汽车和电脑,在短暂使用一段时间后,我们也会把它们扔掉。不管它们是否还能用,我们都称之为"过时产品"。我们总想要最新的型号和最新的设计。

你可以在谈判中运用这个概念,比如:"这个全新的想法对你有用!"或者:"你会喜欢这个想法的。没多少人知道它,因为它是全新的!"

8. 事实证明。美国人极其希望避免未经事实证明的不可靠的情况。我们希望产品能得到验证,以免承担任何风险。在谈判中,你可以说:"事实证明,这个想法是行之有效的!"或者:"事实证明,它适用于我们的数百家客户!"

9. 结果。在谈判中要获得对方的关注,最快捷的办法就是让对方知道你所提供的东西能给他带来好处，它能产生结果和影响，比如："如果我们把你的房子挂牌出售，你会得到想要的结果。我们所做的事情是其他房地产经纪人无法做到的！我们以结果为导向。"

10.安全。安全与身体健康密切相关，绝大多数人理所当然地认为，安全是所有产品应有的功能。但是，安全问题引起了人们越来越多的关注。谈判时，你可以用上这个关键词，例如："我知道安全对您和您家人来说很重要。""这款产品能为您的安全提供保障。""我的很多客户都跟我谈论过'安全资金'和'安全投资'，甚至'安全税收策略'等概念。"

11.省钱。美国人喜欢折扣商品，他们喜欢得到别人很少能得到的优惠。如果一笔交易无法帮他们赚钱，至少必须能帮他们省钱，正如有人为了折扣而购买一些他们很可能不需要的东西。在谈判中，你可以说："如果我们今天能达成这笔交易，我可以帮您省下35%的钱！"或者说："我很想帮您省点儿钱，我们能成交吗？"

12.您。"您"这个词始终贯穿本书。任何人听到"您"，心里都会感到无比舒爽。另一种更有吸引力的表达方式，则是你的谈判对手的称谓，比如×经理、×老师等。

这些词有助于你提升你的话语、广告和文案的说服力。你要在网站、社交媒体甚至群发的电子邮件中使用它们。当你在电话中使用它们时，会让听者更专注于你所传达的信息。这些词将吸引对方注意到你所提出的任何想法。

第 5 章

成功：赢得谈判，1 本搞定

本书的主题是：我们无时无刻不在谈判。你每天都在谈判，无论你正在安排一场约会，还是在尝试与家人商量今年夏天的度假地点，或者买一辆车，其实都是在谈判。

我们的沟通方式让谈判过程具有挑战性。我们之所以觉得谈判棘手，是因为我们没有听进去对方的话，或者没有根据自己听到的东西提出想法。如果我们不知道如何运用人际交往技巧，谈判策略就无法发挥作用。

另一个挑战则是，我们大多数人从未学过如何谈判。我们也许知道自己想要什么，但却不知道如何得到它。我们在谈判时没有结构没有组织，很多时候只是即兴发挥。有时我们能达成交易，有时铩羽而归，但肯定缺乏系统的谈判技巧。本书向你提供了系统的谈判技巧，可用来得到任何你想要的东西。

进行有效谈判的第二个挑战则是你的心态。我们往往把谈判视为有失体面或令人尴尬的事情，觉得要求对方给予更优厚的交易条件是对对方的侮辱。你更愿意跟陌生人谈判，还是跟朋友谈判？如果你知道如何谈，那么陌生人和朋友都能与你达成交易。他们可能都想和你做生意，所以两者都应该得到尊重和优雅的对待。你没必要对谈判持敌对态度，谈判可以既友好又有趣。

我们往往倾向于认为标牌价是不可变更的。我的妻子梅丽塔认为谈判让人尴尬，如果某件物品的价格太贵，她直接不买就是了。对卖方而言，他损失了一笔销售收入。我倒是可能会礼貌地问一些问题，以确定对方是否愿意达成交易。只有经过双方谈判以后，价格才能达成一致，否则的话，它只是妄想或猜测。如果没有达成一致，标牌价就毫无意义。绝大多数卖家都愿意谈判，而不是错过一个销售机会。他们觉得，把产品卖出去总归是件好事，就算做出让步，也比卖不出去好。

我们还强调，通过谈判达成的交易可以换算成你每小时的最高收入。如果你能从1个小时的谈判中获得1000美元的折扣，这难道不意味着你每小时赚了1000美元吗？你得参与多少活动才能每小时赚1000美元？比尔·盖茨通过一次谈判就赚了1000多亿美元，而谈判的目标是一个所有权甚至都不属于他的软件操作系统；乔治·卢卡斯赚了10多亿美元，仅仅因为他不愿意接受20万美元的《星球大战》导演费和制作费。这些例子数不胜数。你的谈判技能越高超，能赚到的收入就越多。要想成为一名优秀的谈判者，你需要练习这些技能。

在第1章中，你学到了谈判要做的准备，学会了不要率先出价，为什么呢？因为你可能会得到一个更好的价格。你还学会了谈判别只想着价格这个道理。谈判还可以涉及其他很多方面，包括交货时间、服务速度、延长保修期，甚至是额外的服务。不要认为降低价格是达成交易的唯一途径。其他可盈利的方面都能被用作谈判的筹码。

很多人因为害怕而不选择谈判。人类最难以克服的恐惧之一就是害怕被拒绝，这是人与生俱来的天性。没有人喜欢听到别人拒绝自己，那会给人一种尴尬和失去自尊的感觉。但是，你已经学会了一些有趣的方法，这些方法能帮你减少被人拒绝的次数。你已经学会了如何让别人听从你的想法，例如，你学会了如何战略性地使用"因为"这个词。

接着,你又学会了提出高于预期的要求。为什么要这样?因为唯有如此,你才有可能刚好得到自己想要的东西。你还学会了使用"以退为进"的方法,即对方在拒绝了你的要求后,你没有放弃并结束谈判,而是退而求其次,达成了相对理想的交易。

夹心法是指你事先决定自己能接受的底价,然后报出一个价格,在此基础上可以妥协至折中价成交。例如,如果你想支付16美元,而卖家想要18美元,你的还价将是14美元。这个方法之所以管用,是因为我们天生倾向于以折中价成交,而不擅长谈判的人通常很快就会做出妥协。通常情况下,我建议用夹心法各让一步。

装作震惊的样子是采用一种非语言的方式来表达你对报价的不满或异议。你学会了如何在适当的情况下故意表现出震惊,从而促使对方迅速做出让步。千万不要在任何谈判中表现出太高的热情,如果对方觉察到你已基本接受了他的条件,很可能会坐地起价,并要求你再做出让步。

我们还论述了你不应该主动提出以折中价格成交的理由,因为价格折中可能是一个永远不会结束的过程。你千万不可主动提出,因为对方可能会多次要求你,直至你没有任何利润。

挤压法是迅速获得对方让步的好方法。要求对方让步很简单，比如说："你必须给我一个更优惠的条件。"然后等待对方做出回应。通常情况下，对方会给出更低的价格。有时候，对方会反问你想要什么样的优惠价格，促使你还价。

当你遇到对方在唱"红白脸"时，不要认为"红脸"就是站在你这边的，他们只是合起伙来对付你而已。你可以要求直接跟"白脸"谈判。

在对方还价之前，千万不要更改你的报价。否则的话，此举会降低你在谈判中的地位。对方可能会认为你已经走投无路了，并试图逼你做出更大的让步。

蚕食行为是在达成协议后获得对方更多让步的好方法。谈判结束时，如果你也做出蚕食行为，就能占一些小便宜；而如果你任由对方使用这个方法，就会损失一些利润。当你遭遇后一种情况时，就要求对方给予某种让步作为回报，这样，对方就会停止蚕食你的利润。

你可以通过使对方为成交做好准备来降低谈判难度，并加快谈判进程。为此，你要发现对方需克服哪些压力才能完成交易；此外，你也可以展现个人魅力并迎合对方的自尊心。对抗性手段很少能起作用。

在第2章中，你知晓了不应率先报价的原因。在任何谈判开始时，这是必须要谨记的一点。千万不要接受第一次报价，但要让对方率先报价。谈判高手可能会开个高价，希望你能还价。不过，谈判高手如凤毛麟角。只要有一点毅力和自制力，你就能让大多数人率先报价。

当我们讨论"服务价值下降"这一概念时，你学到了给对方提供的优惠、让步和额外好处很快就会被轻视、被贬值和被遗忘这一点。如果你打算提供额外的服务，请确保提前与对方协商好它们的价值，而不是在完成服务之后再去商谈。

在任何谈判中，最笨的做法永远是最明智的选择。不要有先入为主的想法，这可能很危险。相反，无论你与对方讨论什么内容，你都要请对方阐述得一清二楚。即使你认为双方已经达成了协议，也要把所有的内容重复一遍，以确保双方形成共识。你最不希望看到的就是双方对已协商的交易产生任何误解。

我们还探讨了书面协议。你不仅要审阅整份协议中每一处变更的地方，还要亲自编写协议。如果你是制定书面协议的人，那就不会遇到什么意外的条款。但是，如果协议的条款有变更，那你必须审阅整份协议，而不仅仅是改动过的个别条款，否则的话，你可能会被一笔糟糕的交易缠身，只因为你没有审阅全部交易条款。

当谈到"逐渐减小让步幅度"时，我们提到了对方是如何把让步视为理所当然，但随后又看成一文不值的。你还可以通过逐步减小让步幅度来加快谈判进程，这将使对方认识到，他越逼你让步，收益就会越小。

当我们谈及声东击西法时，你又学到了一个招式，即先就某个你不想要的物品展开谈判，并从中获取重要信息，最后就你想要的物品与对方达成交易。例如，你先跟对方协商一辆车的价格，这辆车与你想要的车型很相似，然后结束谈判。这番操作之后，你就对自己心仪车型的底价做到了心中有数。这种技巧没有任何缺点，因为你没有义务从对方那里购买产品或与之达成协议。

我们还谈到如何打压力战。你可以密切关注对方所承受的压力，从而迫使其拍板。也许他们有做决定的最后期限；也许他们需要实现销售指标；也许他们面临着来自另一家供应商的竞争压力，而这些竞争对手提供的是更优惠的交易条件。迫使对方做出决定的方法就是非常专注地倾听对方的想法，并适时地提出问题。

玩数字游戏是谈判者用来降低成本影响的一种花招。

他们会说你每天只需花3美元，却掩盖了你每月要多花90美元的事实。他们以为你不会注意到每年付1200美元延长保修期与每天购买一杯星巴克咖啡所需费用之间的区别。这种计算金钱的方式很有趣，它能够重塑你对金钱的情感，接受对方报出的高价。千万不要上这种方法的当。

在我们探讨招标书的相关内容时，你学会了永远要与招标方进行口头交谈。你可以直接打电话，而非发短信，发电子邮件，来探讨招标书的内容。千万不要只回复一个书面报价。招标书不仅仅是关于价格的。你也可以假设，在没有口头交流的情况下，双方达成交易的机会微乎其微。对方做决策时，通常看的不仅仅是与价格有关的参数。价格与成本之间是有区别的，对方可能把其他需要也列入了招标书，只不过你不知道而已。

对方还会采用"挡箭牌"招式，称自己需获得委员会的批准。但是，你也可以利用这一招为自己谋利。你只需让对方知道你要获得上级的批准即可。若对方搬出挡箭牌，你的应对措施就是要求跟决策者直接交谈，切勿跟一个没有决策权的人谈判。在这节内容中，我们还学会了提前结束谈判，即在你介绍产品或报价之前，要求对方给一个肯定或否定的答案。

我们还探讨了你是否可以退出谈判。你是否非常需要这笔生意,不惜一切代价也要做成它?还是你已经做好准备,在条件不合适的情况下放弃该交易?除非你敢于拂袖而去,否则的话,你永远不会知道对方能给你多么优惠的价格或做出多大的让步。令人欣慰的是,你随时可以重返谈判,并以相同的价格成交。有时候,我们太急于完成谈判,以至于达成不理想的交易。绝大多数优秀的谈判者放弃的交易数量可能是他们接受的交易数量的10倍,所以,学会何时放弃交易的最佳方式就是积累经验并更加频繁地参与谈判。

有时候,你会听到对方说出"要就要,不要就拉倒"。说这种话的人往往是没有决策权的,所以,你要问他谁才有决定权。此外,你还要追问他为什么要这样说。大多数人在响应上级的要求做某件事时会表现得唐突和不合时宜。你要找出有决定权的人到底是谁,并直接与之交谈。

对方经常会将"烫手山芋"扔给你,让你去解决他们所面临的问题。他们故意提出异议,希望你能做出让步或解决这个问题。千万不要上当,而是要把问题扔回去还给对方。例如,你可以说"换作你的话,解决这个问题的最妥善方法是什么?"不要让他们的问题变成你的问题,也不要把他们所面临的挑战扛在你的肩上。让他们自己去解决问题。

在第3章中,除准备和招式外,我们还关注了艰难的谈判及谈判的挑战。本章的方法可以助你更快地推动谈判,并取得你想要的结果。

第一个方法是扮演犹豫的买家/卖家角色。表现得过于焦虑的买家往往无法获得自己想要的让步;表现出过度兴趣的卖家则可能会对不太感兴趣的买家做出过多让步。很多看起来兴趣不大的买家往往能获得卖家的最大让步,因为他们看上去更有可能放弃交易。与那些迫切想成交的卖家相比,很多看起来满不在乎的卖家也可能会对买家做出更少的让步。

接着,我们探讨了第二个方法,即在任何谈判中都不要表现出对抗情绪,以免引起双方矛盾的升级。如果谈判从相互尊重演变成激烈的争论,你就不太可能得到自己想要的结果。当人们被情绪左右时,就会变得深陷其中而无法自拔。当你发现自己身处这种状况(甚至是在婚姻中与配偶出现分歧的情况)时,就要先冷静一下,等双方心情都比较舒畅的时候，可以重新展开谈判。

我们还谈到了不要跟没有决策权的人谈判。对方的委员会是你达成交易路上的障碍，最好能找出委员会的管理者是谁，并直接与他联系。记住，不要跟没有决策权的人谈判；但反过来讲，如果你也有委员会，一定要用好这块"挡箭牌"。

我们已经讨论了如何使用这些谈判方法来解决客户的投诉。令人惊讶的是，那些从未遇到过任何问题的客户是最不可能向你推荐生意的。但是，根据哈佛大学的一项研究，如果客户的投诉得到成功解决，他们就会感到非常满意，其忠诚度和向别人推荐你的可能性是不满客户的12倍。

企业应该把妥善解决客户投诉视为首要任务之一。在采用这个方法时，要在谈话中尽快让客户感受到你倾听了他们的意见，并尽快询问他们的需求。解决方案可以稍后再协商。大部分客户觉得，他们必须经过一番争论以后才能形成解决方案。你只需当场同意对方的意见并询问他们希望看到什么结果即可，然后再展开谈判。

我们接着讨论了本书最重要的技巧之一，即探查客户需求。很多专家大谈特谈倾听技巧有多么重要，却从来没有具体告诉你如何使用它们。

在这一章中,你还学习了如何使用"五步沟通法"。你学会了如何了解客户的3种需求,然后像心理治疗师一样复述要点,并尝试达成交易,以让对方致力于获取解决方案。五步沟通法可以说是最重要的沟通技巧。一项研究表明,83%的谈判之所以取得成功,是因为对方感到自己被别人理解;只有6%的谈判因为对方被要求理解别人而取得成功。

每一位谈判者在做决定时,都会使用一种心理策略。我们探讨过一个观念,即人们是不会真正改变的。你的基础性格形成于2~7岁之间。我们可以学习、适应和发展,但本性和思维方式不太可能改变。在这一节中,我们重点研究了谈判者过去是如何做出决定的,而且他们将来也很可能会使用同样的策略。

我们还学习了假设法。比如把对方放在一年以后的场景中,然后反向推论,让双方知道谈判成功能带来什么样的成果。这是一种非常好的工具,有助于你发现对方的真正需求。当你发现对方的需求之后,就能够确切地知道他们眼中的双赢谈判是什么样的。你既可以退出谈判,也可以商定一笔对双方都有利的交易。

在最后一节中，我们讨论了如何回应谈判中的异议。我们讨论了人们提出异议的4个原因，这些原因很少与钱有关。然后，我们讨论了解决最棘手异议的9个步骤。最大的异议往往来自拖延。很多人会说，他们想花点儿时间来思考，但这意味着对方在浪费你的时间。即使对方直接拒绝你，也比你花时间不断催促对方要好。为了避免对方拖延，我们讨论了如何使用提前结束谈判的技巧。换言之，对方无论是接受还是拒绝你的条件都没问题，但不要让对方持摇摆不定的态度。

第4章探讨了你在谈判时可以具备的心理优势。参与谈判的不是机器人，我们都是人类，用情感和逻辑进行交流，但绝大部分的交流模式是非语言的。懂得阅读肢体语言将有助于你获得更加成功的结果，因为你的沟通变得更顺利了。

我们广泛地讨论了信任在谈判中的重要性。没有信任，你走在纽约市的街头就算有人给你钱，你也不会接受；而有了信任，只需一个握手，你就可以跟对方做成生意。

我们讨论了如何通过配合和模仿来获得信任。如果对方说话语速很慢，你也应该放慢速度；如果他们加快了语速，你也应该跟着加快。非语言匹配也同样重要。当我们发现谈判对手是与我们相似的人时，信任来得会更快。对于那些我们无法预测其行为的人，则需要花更长时间建立信任。举个例子，如果他们坐在椅子上，屁股往后挪，你也应该屁股往后挪。如果他们身体向前倾，20秒后你也应该身体向前倾。

学会使用对方的关键词和短语也将有助于你推动谈判。如果对方使用某个特定词，那你就尝试着配合他们也使用这些关键词。例如，如果卖家把他要卖的车描述为"樱桃"，那你也要用这个词。如果我把自己描述成商业心理学家，而不是励志演讲家，那么，优秀的谈判对手也会把我称为商业心理学家。

接着，我们讨论了如何辨别对方是否在说真话。在任何谈判中，你必须要确定自己是否被人骗了，这点至关重要。精明的警方调查人员为了破案，会对案件的相关人员进行询问，找出其说法中前后矛盾的地方。我们探讨了如何观察谈判对手眼球移动的方向，从而发现对方在撒谎还是在说真话。

在任何谈判中，融洽的关系和信任都是至关重要的，因此，我们还探讨了被称为"人际距离学"的心理学概念。人际距离学研究的是人与人之间的空间距离及其意义。如果有人让你站在或坐在1米远的地方，表明此人在一定程度上不信任你，我们把这个距离称为"陌生人区域"；反过来讲，如果对方坐在或站在离你半米以内的地方，则表明你赢得了对方的最大信任并建立了最融洽的关系。通常情况下，你只能凭感觉去体会，但是，通过观察他们的坐姿和站姿，也能看到融洽的关系和信任。

在适当的时机给对方施加压力并适当后退也是非常重要的，所以，我们讨论了"压力线索"这一概念。压力线索是指人们在感受到压力或被施压时所使用的非语言信号。我们必须能识别并解读这些线索，因为我们不希望别人感到很大的压力。但是，我们也希望保持强势，以迅速推动谈判取得进展。我们不想给对方施压，可是，你怎样才知道对方是否感受到了压力呢？这部分内容探讨的正是你要寻找的压力线索。

此外，我们还探讨了成交信号。人们在把自己的想法告诉你之前，早就显露出了一些信号。当对方向你显示成交信号时，他们其实已经接受了你的想法。如果你没有识别出这些线索，可能会侃侃而谈，最后还得挽回说过的话。谈判者身体前倾就是成交线索之一，不过，这个动作也可能意味着此人只是坐立不安。

我们探讨了如何对谈判对手进行校准。校准意味着在谈判的前10分钟内对对方做一个最基础的解读，接着，将随后发现的任何非语言线索与最初的基准行为进行对比。

本章的最后一部分提供了一些最有说服力的谈判词，你可以在你传达的信息中使用这些词。你还应该在你参与的谈判中使用它们，并把它们放在你的网站、名片等个人资料上，或其他任何你希望人们保留的信息中。

正如我们前面讨论过的那样，本书是一本关于谈判机制及其背后心理学原理的著作。此前的很多书籍提出了如何更有效地谈判的观点，但是，谈判不仅仅关乎技巧和招式，还关乎你如何与对方交流、如何觉察情绪、如何倾听，以及如何呈现自己的想法。

如果你在学习这些技巧和概念后的24小时内将之付诸实践，那么，你将在谈判中获得比以往任何时候都更有效的成果。我们无时无刻不在谈判，然而令人震惊的是，我们绝大多数人都从未接受过与谈判技能相关的正式培训。你每天都会用到这些技能。随着不断学习和练习，你的谈判能力将远超你的谈判对手。